体育与健康
教学设计和研究

郑俊强 —— 著

中国出版集团　现代出版社

图书在版编目（CIP）数据

体育与健康教学设计和研究 / 郑俊强著. — 北京：
现代出版社，2023.10

ISBN 978-7-5231-0514-6

Ⅰ.①体… Ⅱ.①郑… Ⅲ.①体育课—教学设计—研
究—小学②健康教育—教学设计—研究—小学 Ⅳ.
①G623.82

中国国家版本馆CIP数据核字（2023）第164737号

体育与健康教学设计和研究

作　　者	郑俊强	
责任编辑	姜　军	
出版发行	现代出版社	
地　　址	北京市安定门外安华里504号	
邮政编码	100011	
电　　话	010-64267325　64245264	
网　　址	www.1980xd.com	
印　　制	北京政采印刷服务有限公司	
开　　本	710mm×1000mm　1/16	
印　　张	14.75	
字　　数	280千字	
版　　次	2023年10月第1版　　2023年10月第1次印刷	
书　　号	ISBN 978-7-5231-0514-6	
定　　价	58.00元	

前　言

　　健康教育课程是以传授健康知识、提高健康技能、培养健康态度为主要内容，以提高全民健康素养，形成有益于健康的行为和生活方式为目的的课程。体育与健康课程是关注学生的身体、身体活动、身体发育和健康的课程，体育与健康课程是以身体练习为主要手段，以体育与健康知识、技能和方法为学习内容，以提高学生运动能力、增进学生健康、促进学生全面和谐发展为主要目的的课程。体育与健康教育融合为一门课程，有利于强化体育与健康教育相关内容的有机联系，更好地从健康的视角实施体育教育，从体育的视角促进健康教育，提高体育与健康教育对学生发展的价值和成效。

　　体育与健康课程是学校体育的重要组成部分和中心环节，是由体育教师组织指导的，面向全体学生的有组织、有计划、有系统的教与学的过程。体育与健康课程是培养学生体育与健康知识、能力、态度的基础环节，必须紧密围绕教学、指导、引导、激发、培养等关键词开展教与学的活动，并以此为评价体育与健康课程水平和质量的准绳。随着中国素质教育的不断发展与进步，在新课改背景下，教育界对体育与健康教学提出了更高要求。体育与健康关系着学生的身体素质质量，以新课改背景为依托，对体育与健康的教学设计进行深入研究是当前体育教学的发展方向。

　　体育与健康教学设计的过程是一项复杂的系统工程，其主要任务是提供实现体育与健康课程教学目标的途径和方法，这一过程不仅需要理论与实践的统一，更需要技术与方法的融合。如何合理地对体育与健康教学进行设计研究是推动与创新体育与健康教学的关键。根据新课改的相关规定与要求，改进体育与健康教学，保证学生能够拥有一个良好的体育学习氛围，是解决问题的重要途径。

鉴于此，笔者撰写了《体育与健康教学设计和研究》一书。本书对体育与健康教学设计进行了综述，阐述了体育与健康教学的学情分析与目标设计，基于新课标对小学体育与健康课程进行了解读，探究了体育与健康教学过程与评价设计、体育与健康教学策略与教学模式设计，对小学体育与健康单元教学设计案例进行了解析，并对东莞某小学体育与健康单元教学优秀设计案例进行了剖析。

笔者在撰写本书的过程中，借鉴了许多专家和学者的研究成果，在此表示衷心感谢。本书研究的课题涉及的内容十分宽泛，尽管笔者在写作过程中力求完美，但仍难免存在疏漏，望各位读者海涵。

目 录

第一章

体育与健康
教学设计综述

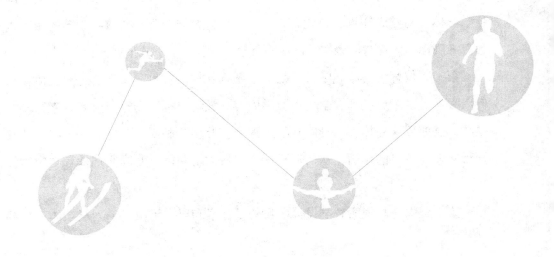

第一节　体育与健康教学设计的内涵与分类

一、体育与健康教学设计的内涵

（一）体育与健康教学设计的概念

教学设计是指教师为了实现特定的教学目标，以教学系统及其活动为对象，运用系统方法，在分析教学问题和教学条件的基础上，选择并确定教学实施方案的过程。

体育与健康教学设计是指体育教师依据学生的体育学习基础和发展需求，在对体育教学活动各个要素进行全面分析和系统优化组合的基础上，制定体育教学方案的过程。体育与健康教学与其他学科教学有所不同，它主要是以身体练习为基本手段，促进学生身心全面协调发展的教育过程，其教学过程不仅是认知发展过程，也是身体活动过程。体育与健康教学是指在学校教育中，学生在教师有目的、有计划、有组织的指导下，以身体练习为基本手段，积极主动地学习体育与健康知识、技能和方法，发展体育与健康学科核心素养的教育过程。准确把握体育与健康教学设计的概念，应理解以下几个方面：

第一，体育与健康教学设计是一个系统规划体育教学要素的过程。体育与健康教学是一个由教师、学生、教学内容、教学目标、场地器材等要素组成的系统，这些要素在体育与健康教学过程中彼此相互联系，并针对一个特定的共同目标发挥各自的作用，从而形成一个有机的统一体，共同实现体育与健康教学系统的功能。

第二，体育与健康教学设计的目的是探索和寻求解决一系列复杂体育与健康教学问题的最优化路径和有效方法。

第三，体育与健康教学设计的结果是经过验证、能实现预期功能的教学计划或方案，能够直接运用于教学实践，达成特定的教学目标。

第四，体育与健康教学设计是一种具有整合性、决策性、创造性的实践和研究活动过程。体育与健康教学设计不仅强调体育教师对体育学科基础知识、基本技能和实践经验的整合，而且突出强调体育教师在设计实践活动中的决策能力和创新能力。

（二）体育与健康教学设计的特点

体育与健康教学设计是以体育教学过程为研究对象，对体育教学过程中可能发生的问题进行归纳、整理，提出科学有效的解决方案，并对提出的方案不断优化的过程。全面认识体育与健康教学设计的特点是做好体育与健康教学设计的前提。

1. 体育与健康教学设计的系统性

体育与健康教学设计过程体现了这项工作的系统性。进行体育与健康教学设计时，需要在分析教学问题的基础上设定教学目标，并围绕教学目标设计教学的各个环节，最后对预设的方案展开试行、评价及修订，从而保证"目标、策略、评价"三者的一致性。但在实际工作程序上，通常不是先完成一步再开始下一步，而是不断往复、相互补充，综合考虑各要素，使之相辅相成、互相促进，产生整体效应，以保证体育与健康教学设计的系统性，达到体育教学效果的最优化。

2. 体育与健康教学设计的科学性

体育与健康教学设计是科学运用系统方法，遵循教与学的基本规律，在教学理论、学习理论、传播理论、运动技能形成理论的指导下，综合考虑学生的体育兴趣爱好及个性特征，基于特定的教学理念，针对体育教学目标、教学策略、教学过程、教学评价等教学设计要素及其联系，对其进行分析和策划的一种活动。体育与健康教学设计是先进教学理念转化为教学实践的桥梁和纽带，其设计的科学性是制订合理教学方案的必然要求。

3. 体育与健康教学设计的预见性

体育与健康教学设计是在进行体育教学之前事先作出的一种安排或策划，是对未来教学实践的预设。但由于教学设计在先，体育教师对教学内容的理解、教学对象身体条件及运动技能的掌握、教学条件的分析、教学方法和手段的采用等会随着时间推移而发生变化，而设计的结果是在这种动态变化中产生的，因而所设计出来的教学计划会具有不确定性。这就要求体育教师在课前必须对教学目标、策略、过程、评价有一个清晰、理性的安排，提高体育与健康教学的有效性与实效性。

4. 体育与健康教学设计的创造性

体育教学目标的多元性、体育教材功能的多质性、体育教学方法手段的多样性以及这些要素之间存在的复杂关系，使得体育与健康教学过程具有复杂性和动态性的特点。在教学设计中，体育教师应在复杂性和动态性中找到突破口，为设计创造性的教学方案提供开放的空间。体育与健康教学本身也是培养学生的创新精神、发展学生创造能力的过程，这就要求体育教师应具有广博的文化知识和扎实的教育教学知识、体育专业知识，同时也要具备丰富的想象力、敏锐的观察力、深刻的分析力，从而设计出富有创造性的教学方案。

5. 体育与健康教学设计的灵活性

虽然体育与健康教学设计过程具有一定的模式，需要按照既定的流程进行，但实际的教学设计不一定能够完全按照流程开展。加之不同设计者的思维习惯、行为模式、教育教学经验和情感态度存在一定的差异，在进行教学设计时，应根据地区、学校、学生等不同的情况和要求，灵活地决定从何处、以何种方式着手工作，重点解决哪些环节的问题，有针对性地实施体育教学设计。

二、体育与健康教学设计的分类

体育与健康教学设计的概念内涵丰富，外延宽广，依据不同的划分标准，可将体育与健康教学设计划分为不同的类别。

（一）依据教学设计层次划分

教学设计的表现形式是教学计划，以时间为节点，从宏观到中观再到微观的教学计划结构清晰、层次分明。依据教学设计层次，体育与健康课程自上而下可以分为水平、学年、学期、模块、单元和课时体育与健康教学设计，这些不同层次的设计之间存在承上启下的关系。

1. 水平体育与健康教学设计

水平体育与健康教学设计一般是2年或3年的教学计划。该教学设计通常是在学校教务处的指导下，由体育教研组依据最新版的《体育与健康课程标准》的水平目标、内容标准，结合各阶段学生身心发展特点、本校的实际情况以及当地体育传统优势集体讨论制定的。

2. 学年体育与健康教学设计

学年体育与健康教学设计，也称年度教学计划。该教学设计是以年级为单位，依据最新的《体育与健康课程标准》，结合学校实际和学生年龄特点，将水平教学计划规定的年度教学目标和教学内容统筹安排到相应学年的过程。年度教学计划既是水平教学计划的具体化，又是学期教学设计的依据，一般由体育教研组组长和体育教师依据学段教学计划共同制订。

3. 学期体育与健康教学设计

学期体育与健康教学设计，又称教学进度。学期体育与健康教学设计是根据年度教学计划和本学期的气候条件，将年度教学计划所规定的每一学期的各项学习内容、课时数，按照课程标准的要求，合理分配到每个课时的过程。学期体育与健康教学设计集中反映了教学工作的进程，是教师日常备课或编写课时教学方案的直接依据。

4. 体育与健康模块教学设计

模块设计是体育与健康课程的新理念，学校体育新课程设置的一个重大变化就是体现模块课程特点，教材内容由必修与选修两部分构成。所谓模块，是一种整体的教学视野，即主题单元。模块是具有较强内在联系的、具有共同主题的内容所构成的一个整体。之所以叫模块，是为了与一般意义上以"课"为单位组织的教学内容进行区别。

模块教学设计在推进课程改革与实施选项教学方面应呈现出的特点有以下几点：

第一，模块教学计划将有关内容合理分配到学时中去，或者将有关内容分配到若干单元中去，并明确各单元的教学时数，这若干单元的教学时数之和为18学时。

第二，模块教学计划根据水平教学计划制订，学时计划根据模块教学计划制订。模块下设置单元的，则依照水平教学计划、模块教学计划、单元教学计划、学时计划的顺序，前者作为后者的制订依据。

第三，模块教学计划设计科学、分段合理、方法多样、过程简明、步骤清晰、注重实效。不管哪种形式，都包括了学习目标、学习内容、学习方式、教学策略、学习效果评价与反馈以及课后反思等要素。在课案上，内容有主教材与辅助内容；课时教学目标要具体；在教学策略方面从学练形式、学法要点、指导要点和效果检测等进行叙述。在操作上要注重学生学习的主体性、主动性与师生互动关系。

第四，注重学生的发展性和差异性，在多元性学习评价上进行新探索。评价的主要功能在于充分发挥评价对促进学生进步和发展的作用，为此，在模块的评价方面，应围绕充分发挥评价的激励与反馈功能，结合教学具体情况对评价内容、评价方法和评价主体的多元性，从操作层面上进行较为深入而广泛的新探索。为此应制定模块学习评价、学期与学年评价制度，并拟定模块学习内容的评价标准，该标准既应包括对学习过程评价和综合性的评价量表，又应包括不同评价主体的评价量表，同时较好地处理三个维度评价的关系，以及较好地处理定性与定量、主观与客观、自评与他评、基础与发展的关系。

5. 单元体育与健康教学设计

单元体育与健康教学设计是学期和模块教学设计的具体化。单元体育与健康教学设计主要是将某一教学内容分解成有机联系的几个部分，再将每个部分分配到每个课时中的教学计划，具体包括课次的顺序、目标、内容、方法、评价标准及方式等。单元体育与健康教学设计是教师备课和撰写课时计划的重要依据。

6. 课时体育与健康教学设计

课时体育与健康教学设计，又称为教学方案，简称教案。课时体育与健康教学设计是根据学期教学计划的安排和要求，参照单元教学计划，针对班级学生、学校体育场地器材、教学内容等具体情况，逐一设计体育教学系统的各个要素，从而形成的课堂教学实施方案。课时体育与健康教学设计是教师对一堂体育与健康课程深入细化的教学准备，是对师生课堂教学活动的预案。

（二）依据课程教学模式划分

不同历史时期，体育课程的价值取向不同，也就形成了不同的体育与健康教学模式。这些模式对于有效开展体育与健康教学设计具有指导意义。目前，从国内外的相关文献来看，体育与健康课程教学模式主要包括健康体育课程模式、动作教育模式、运动教育模式、理解式球类教学模式、合作学习教学模式、技能掌握式教学模式和终身体能教育模式等。

1. 基于健康体育课程模式的教学设计

健康体育课程模式是以运动密度贯穿课堂，要求课堂上学生持续运动时间不低于整节课时间的75%，课堂上学生平均的运动心率达到140~160次／分，运动技能学习时间应在20分钟左右，专门的体能练习时间在10分钟左右，运动技能的学习以活动和比赛为主。基于健康体育课程模式的教学设计重在解决学生体能水平下降、肥胖率居高不下以及意志薄弱、活力不足、缺乏交往、性格孤僻、焦虑抑郁等问题。

2. 基于动作教育模式的教学设计

动作教育模式是一种主要以提高学生身体各组织器官的协调配合能力，使学生掌握动作技能的教学模式。动作教育模式的教学过程遵循运动技能的形成规律，对学生进行生理、心理和社会适应的持续改造。该模式以动作技能的学习和练习为主线，教学设计重在帮助学生掌握动作技能，丰富运动体验，促进技能迁移。

3. 基于运动教育模式的教学设计

运动教育模式是一种能够使学生在运动项目竞赛中获得真实的、丰富的运动经验的体育教学模式，是一种以竞赛活动为载体的教育模式。基于运动教育模式的教学设计重在通过给予学生真实完整的运动体验，帮助学生成为具有运动能力、熟悉运动文化、拥有运动员精神的热情的运动参与者。

4. 基于理解式球类教学模式的教学设计

理解式球类教学模式改变了以往教师从技能开始教学的思路，从整体出发，在开始教授一项运动时，先进行运动项目的介绍和学生比赛（或准比赛）实践，让学生从认知上了解该运动项目的特点，如战术能力、决断能力、随机应变能力、基本功等；然后再进行技术、技能的教学。基于理解式球类教学模式的教学设计重在培养学生的战术意识，使学生领会球类运动特性，享受体育比赛，体验运动乐趣。

5. 基于合作学习教学模式的教学设计

合作学习教学模式是以提高学生知识学习效果、合作与社交能力为主要目标，采用互助、互补和协同配合的合作学习方式完成学习任务的一种教学模式。基于合作学习教学模式的教学设计重点是在教学过程中渗透学习小组积极互助、社交技能培养、小组讨论与反思等要素，为学生创设合作学习情境，以培养学生团结协作的意识，发展学生社会交往和实践创新的能力。

6. 基于技能掌握式教学模式的教学设计

技能掌握式教学模式是依据运动技能形成规律，以帮助学生系统掌握运动技能为主要目标的一种教学模式。这种教学模式严格遵循课堂教学准备部分、基本部分和结束部分的"三结构观"，强调"教师主导、教材为纲、课堂中心"。基于技能掌握式教学模式的教学设计重在帮助学生通过感知、理解、巩固、运用四个学习阶段，系统掌握基本运动知识、基本运动技术和基本运动技能。

7. 基于终身体能教育模式的教学设计

终身体能教育模式是为了使学生养成终身坚持体育锻炼习惯和接受体育教

育、合理运用体育卫生与保健知识的一种教学模式。该模式注重体能训练对学生长期健康的作用，重在解决学生普遍存在的课后不锻炼、体能训练不科学等问题。基于终身体能教育模式的教学设计重在培养学生学习并运用终身体育与健康的知识技能，养成自我管理以及主动参与体育锻炼的行为习惯。

除了基于以上体育教学模式的教学设计，它还包括快乐体育教学模式、成功体育教学模式、情境体育教学模式、隐蔽体育教学模式、主体体育教学模式、发现体育教学模式和SPARK体育有效教学模式等。

（三）依据教学要素设计划分

从教学论的角度来看，体育与健康教学设计的共性要素主要包括学生发展需要分析、体育教学目标设计、体育教学内容设计、体育教学方法与手段设计、体育教学组织形式设计、体育教学媒体设计、体育教学过程设计和体育教学评价设计。

1. 学生发展需要分析

学生发展需要分析是教师开展体育与健康教学设计的逻辑起点，对学生情况掌握得越详细，就越能提高教学设计的针对性、有效性和可行性。学生发展需要分析的主要内容包括学生的身体发展需要、心理发展需要和社会发展需要。

2. 体育教学目标设计

体育教学目标是体育教学目标设计预期要达到的效果或标准，是体育与健康教学设计与实施的行动指南。体育教学目标设计既包括纵向的不同层级之间的体育教学目标制定，也包括横向的不同维度的体育教学目标制定。在制定体育教学目标时，要考虑体育教学目标制定的依据、要求和方式方法。

3. 体育教学内容设计

体育教学内容是实现体育与健康教学目标的载体，是开展教学设计与实施的主要抓手。教学内容往往制约着教学手段和方法，也直接关系到教学目标的实现。新时代，我国学校体育的教学内容设计不仅应包括体育与健康知识、运动技能、运动素质等内容，还应包括体育品德和健康行为养成等内容。

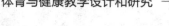

4. 体育教学方法与手段设计

体育教学方法与手段的选用直接影响教学的成败和教学效率的高低，体育教学方法与手段设计是制定体育教学策略的重要内容之一。在设计过程中教师不仅需要根据具体的教学内容，结合学生学习实际情况，选择新颖、有趣、多样的教学方法与手段，以激发学生的学习兴趣，而且要重视学生自主学习、探究学习、领会学习、合作学习等新型教学方式的运用，以促进学生的全面发展。

5. 体育教学组织形式设计

体育教学组织形式的选用要依据教学任务的安排，结合学生的实际情况和特定的教学环境。组织形式包括集体教学、小组合作学习和个性化学习。体育教学组织形式设计是教学策略制定的重要内容之一，也是一堂体育课能否顺利进行的关键。

6. 体育教学媒体设计

体育教学媒体设计是教师为提高体育课堂教学效率和质量，在体育教学中对传递教与学信息的各种媒体的选择、组合、运用和呈现方式的规划过程。体育教学媒体是教学过程中不可或缺的要素之一，对教学效率、效果的影响显著。

7. 体育教学过程设计

体育教学过程是体育课堂教学活动的启动、发展、变化和结束在时间上连续展开的程序结构。依据加涅的信息加工学习理论，体育教学过程设计应经历动机、领会、习得、保持、回忆、概括、作业和反馈8个阶段。体育教学过程是体育与健康课堂教学的核心，也是体育教学方案顺利实施的保障。

8. 体育教学评价设计

教学评价是检验教学目标是否达成的重要手段，主要涉及两个方面内容的设计，一方面是教学设计方案的评价；另一方面是学生学习效果的评价。

此外，从教学设计与实施的流程来看，教学内容设计、教学方法与手段设计、教学组织形式设计、教学媒体设计可归纳为教学策略设计。

第二节　体育与健康教学设计的流程与原则

一、体育与健康教学设计的流程

体育与健康教学设计旨在精心策划一个有效的教学系统，它是应用系统方法分析、研究并解决体育与健康教学过程中存在的问题，并对教学结果作出评价的一种计划过程与操作程序。体育与健康教学设计的流程由背景分析、决策设计和评价反馈三个阶段组成，每个阶段都有其特定的要素。

（一）背景分析阶段

在体育与健康教学设计的前期，要进行背景分析，这是确保体育与健康教学设计质量的基础。教师通过分析体育教学中存在的问题，体育教学内容的特点和功能，学生的特点、认知水平及运动能力，为设计工作确定基调。背景分析主要包括学生发展需要分析、学生学习内容分析两部分，通常分别称为学情分析、教材分析。

1. 学生发展需要分析

学生发展需要分析从"学生为什么学"入手，确定学生的学习需求和学习目的，是开展体育与健康教学设计的逻辑起点。

（1）学生身体发展的需要

科学地测量与评估，是体育与健康教学设计的前提和基础。选用比较成熟的诊断方法，如身体质量指数（Body Mass Index，BMI）测试法、功能性动作筛查（Functional Movement Screen，FMS）法、体质健康测试法等，可有效诊断学生的身体形态、生理机能、运动素质、运动技能，了解学生的体质健康状况，

分析学生存在的问题，明确学生学习的起点。

（2）学生心理发展的需要

苏霍姆林斯基认为："如果不了解学生的智力发展，（不了解）他的思维、兴趣、爱好、才能、禀赋、倾向，就谈不上教育。"因此，在进行体育与健康教学设计时，要在分析学生生理、心理特点的基础上，选用体育心理学量表或问卷，充分了解学生的体育认知、体育情感和体育行为，具体包括体育知识结构、运动技能基础、运动偏好与兴趣、运动动机、运动习惯、个性心理、群体行为等。

（3）学生社会发展的需要

人是社会中的人，尤其是学生，易受社会环境的影响。教师需要充分地了解学生学习与生活的环境，包括班风、学风、校风、玩伴、家庭体育情况、社区体育氛围、当地体育传统和体育风俗等。这些信息对于体育教师制定教学策略、激发学生学习动机、调动学生学习的积极性意义重大。

在体育与健康教学设计过程中，教师对学生情况掌握得越详细，就越能提高教学设计的有效性、科学性和可行性。在此基础上，教师还应结合学校实际办学条件，找到既能满足全体学生学习的一般需要，又能因人而异，满足部分学生学习的特殊需要的方法，帮助学生明确体育学习的目标。

2. 学生学习内容分析

体育教师在分析"学生为什么学"之后，需要明确"学生学什么"，以满足学生体育学习与发展的需要。在新时代全面加强和改进学校体育工作的背景下，要使学生明确学习体育与健康知识、技能是必要的。此外，还需要联系学生学习与生活实际，为学生创设分析问题、解决问题的深度学习情境，以帮助学生实现知识技能的迁移和创新。体育教师在设计体育与健康教学内容时，应从以下几个方面进行分析：

（1）《义务教育体育与健康课程标准（2022年版）》（以下简称《标准》）规定的内容

体育教师要对相应学段《义务教育体育与健康课程标准（2022年版）》规

定的课程内容分布、特点和功能及重点、难点进行分析，在此基础上教师还要根据学校的实际情况以及学生的经验对学习内容进行重新构建。

（2）学生身心发展需要的内容

遵循不同年龄段学生身体形态、运动素质发展的规律，将改善学生身体形态、提高学生运动素质的相应练习与运动技能学习和体育健康知识有机融合。

（3）促进学生体育核心素养养成的内容

分析体育与健康教学给予学生适应未来社会发展和个体终身发展所需要的价值观、必备品格和关键能力，选择学生必备的、基础的、最有价值的知识技能进行教授。

（4）依据学生运动认知规律选择加工的内容

一方面，遵循运动技能形成规律，按照从易到难、从简单到复杂的学习过程，将相关内容安排在课堂教学中；另一方面，依据学生核心素养形成规律，选择加工学生学习理解、实践运用和迁移创新的内容。

（二）决策设计阶段

决策设计阶段是体育与健康教学设计流程的关键阶段。体育教师在熟知学生"为什么学""学什么"的基础上，依据前期调研及评估分析，结合教学实际情况，解决"学生应该学到什么程度""如何科学有效地学习"等问题。决策设计阶段主要包括教学目标设计、教学策略设计、教学过程设计和教学评价设计。

1. 教学目标设计

在决策设计阶段，首先要确定教学目标，即明确学生学习与发展应该达到什么程度。这需要体育教师立足于教学实际情况，综合考虑教学目标体系、教学目标构成和教学目标表述等关键要素，对以下问题做出决策。

第一，学生学习与发展的维度有哪些？一堂体育课应重点发展学生哪些方面的素养？一个教学单元应重点发展学生哪些方面的素养？

第二，如何处理统一的教学目标与学生个性化学习目标之间的矛盾与冲突？

第三，如何准确地使用行为动词来表述学生期望达到的学习与发展程度，

使教学目标明确具体、层次清晰、可测能评、符合实际？

2. 教学策略设计

如何科学有效地促进学生学习？这个问题是体育教师开展体育与健康教学设计要解决的核心问题，对这一问题的回答将直接关系到教学效率和教学效果。体育教师需要依据教学目标，结合教学实际情况，综合考虑教学内容、教学方法、教学组织和教学媒体等关键要素，对以下问题做出决策。

第一，体育教师需要总结教学经验，结合教学实际情况和教学目标，确认哪一种体育教学模式是有效的。

第二，体育教师需要确认学生学习内容的顺序，即从体育与健康知识、技能的学习理解到实践应用，再到迁移创新的内容是什么。

第三，体育教师需要确认哪些方法能够有效促进学生对体育与健康知识、技能的学习理解、实践应用和迁移创新？当面对不同学生时，如何区别对待，因材施教？

第四，如何有效利用教学时间和空间，充分发挥教师主导、学生主体的作用，组织体育教学活动，完成体育教学任务？

第五，如何选择、组合、运用体育教学媒体辅助教学？是否需要自制体育器材？如何充分利用有限的体育教学资源，满足学生多样化的体育需求？

3. 教学过程设计

体育与健康教学过程设计是体育教师有目的、有计划、有步骤地实施体育教学方案的行动指南。体育教师需要从学生学习过程的实际出发，依据教学过程中师生双向信息交流互动的规律与特征，对以下问题做出决策。

第一，一堂体育课需要完成哪几个教学任务？教学任务的重点与难点是什么？

第二，如何通过课堂导入激发学生学习的动机，调动学生学习的积极性？

第三，教师"教"的过程中，学生可能会出现哪些问题？有效处理的方式方法有哪些？

第四，学生"学"的过程中可能会遇到哪些问题？有效干预的方式方法有哪些？

第五，如何组织游戏、练习、展示、比赛等教学活动？如何保障有序调动队列队形？

第六，选择何种方式可恰当地反映学生的学习效果？

4. 教学评价设计

全面客观地评价学生学习的效果，为学生学习与发展提供证据，是体育与健康教学设计的最后一个环节。体育教师需要立足于教学实际，综合考虑评价标准、评价主体、评价方式等关键要素，对以下问题做出决策。

第一，评价什么？一堂体育课或一个单元体育教学评价的标准是什么？

第二，谁来评价？如何实现学生自评和互评？什么情况下适合教师评价？

第三，如何评价？什么情况下使用定量的评价方式？什么情况下使用定性的评价方式？

第四，如何为学生的学习与发展，尤其是健康行为、体育品德方面的发展提供依据？

（三）评价反馈阶段

评价反馈阶段主要是对体育与健康教学设计方案实施的效果进行评价，并通过相应的反馈与调整不断完善教学设计方案的过程。对体育与健康教学设计方案的评价、反馈与完善，主要依靠教师的总结与反思和学生的评价与反馈。

1. 教师的总结与反思

教学设计非常重要，但教学设计实施效果的总结与反思更重要，因为实践是检验真理的唯一标准，只有通过教学实践的检验，才能验证教学设计方案是否合理，还存在哪些问题，如何在今后的教学设计与实施过程中规避这些问题等。所以，一堂体育课结束之后，并不代表体育教师完成了教学任务，教师还应对整个教学方案实施过程进行总结与反思，吸取成功经验，找到不足之处，完善教学设计，以进一步提升教学质量。

2. 学生的评价与反馈

学生是教学设计方案实施的亲历者，学生的评价与反馈至关重要。教师不仅要从自身的角度进行总结与反思，还要从学生的角度开展调研，获取学生的

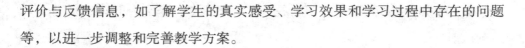
评价与反馈信息，如了解学生的真实感受、学习效果和学习过程中存在的问题等，以进一步调整和完善教学方案。

二、体育与健康教学设计的原则

原则是指导事物发展所应遵循的准则或要求。体育与健康教学设计的原则是依据体育与健康教学设计的基本理念、理论基础以及实践经验凝练的指导教学设计所应遵循的准则或要求，具体包括系统性原则、教育性原则、健身性原则、趣味性原则和针对性原则五个方面。

（一）系统性原则

系统性原则是指在体育与健康教学设计时，依据系统论要求，遵循"知识技能结构化"理念，使体育与健康教学设计的各个环节及课堂教学的各要素之间成为一个有机的整体，旨在提升学生体育学科核心素养培育的实效性。

系统性原则需要在整个单元教学计划与课时教学计划的设计中渗透，使若干个课时教学计划系统地组成单元教学计划，纵向贯通起来从而实现单元教学目标。教师需要有"大单元"的意识，认真分析每个课时教学计划之间的逻辑性，使它们有较强的系统性。而每个课时教学计划又是由教学目标、教学策略、教学过程、教学评价等要素组成，这些要素横向联系起来旨在提升课堂教学的实效性，为实现单元教学目标服务。课时教学计划的每个要素都不可忽视，且要系统地考虑学情、教材特点、教学环境、场地器材等因素，呈现结构完整的教学计划。从实践层面来看，在日常教学中，体育教师所制订的单元、课时体育与健康教学计划就是系统性原则在教学设计中的完整体现。

（二）教育性原则

教育性原则是指在体育与健康教学设计时，应始终坚持"立德树人"的根本任务，遵循"健身育人与课程思政"理念，体现育才与育人相统一，发挥体育的育人功能，促进学生全面发展。

教育性原则应渗透在教学的全过程，可从教学目标、教学内容、学习活动等设计中得以体现。教学目标不能仅仅停留在教会学生运动知识与技能、发展体能方面，还要深挖运动项目或教学活动本身所蕴含的思想价值和精神内涵，关注学生健康行为的养成、体育品德的培育。在选择教学内容和学习活动方式时，教师应关注教学内容和每个学习活动背后蕴含的教育意义，发挥体育与健康课程的综合育人功效。

（三）健身性原则

健身性原则是指在体育与健康教学设计时，遵循"以学生发展为中心"和"健身育人与课程思政"的理念，从学生实际需求出发，充分发挥体育学科实践性特征，以学生有效增强体质、改善身体机能、建立体育锻炼的意识和习惯、养成健康行为、全面健康发展为宗旨。

健身性原则是体现体育与健康课程"健身育人与课程思政"理念最基本的要求，也是学科育人的本质体现。为了促进学生身体健康发展，教育部颁发的《课程标准（2017版）》和《课程标准（2021版）》都非常关注学生体能的增强，专门将"体能"设置为必修必学内容，要求每节课都要安排10分钟左右的体能练习，并提出"每节课的运动密度应不低于75%，练习密度应不低于50%，运动强度（班级所有学生平均心率）应在140~160次／分"的要求。

（四）趣味性原则

趣味性原则是指在进行体育与健康教学设计时，依据"建构主义"学习理论，结合学生的心理特征，创设出交互性、开放性、体验性更强的情境，并采用自主学习、合作探究、游戏竞赛等方法，营造融洽的学习氛围，以调动学生参与体育学习的积极性。

趣味性原则具体可以在情境创设、教学内容、组织形式、场地器材等内容设计中得到渗透。情境创设时一定要采用符合学生年龄段，有助于激发学生运动兴趣的多种复杂情境。教学内容要新颖多样、能激发学生的学练兴趣。组织形式可以是集体练习、个人练习，也可以是固定小组或自由搭配。器材选择需要多样且实用，场地要求应做到足用且有序。

（五）针对性原则

针对性原则是指在体育与健康教学设计时，依据"教学过程最优化"理论，基于因材施教与理论联系实际思想，结合学生学习需求、本校实际教学条件，有针对性地进行教学设计。

针对性原则应体现在教学设计的全过程，尤其是应基于教材分析与学情分析，确定适合本班学生全面发展的教学目标，把握每节课的教学重难点，为不同水平的学生提供难易程度不同的教学内容，并采用具有针对性的教学方法与手段、教学组织形式、教学媒体、教学评价体系等可以通过具体的学习活动得到呈现的方式、方法进行设计。

第三节　体育与健康教学设计的理论基础与理念

一、体育与健康教学设计的理论基础

我国学者对教学设计的理论基础进行了大量的研究，概括起来主要有："单基础"论、"双基础"论、"三基础"论、"四基础"论、"五基础"论和"六基础"论。鉴于体育与健康教学设计的特殊性，其理论基础主要包括系统论、建构主义学习理论、教学过程最优化理论。

（一）系统论和体育与健康教学设计

1. 系统论的内涵

1937年，美籍奥地利生物学家贝塔朗菲在芝加哥大学的一次哲学讨论会上第一次提出一般系统论的概念，并于1945年正式发表《关于一般系统论》一文。贝塔朗菲推崇系统整体大于部分之和的观点，认为系统的功能就是把各部分进行合理的安排，使得整体功能最大化，强调系统的整体性。他认为系统内各要素之间是相互联系、相互制约的状态。

体育与健康课程是由水平、学年、学期、模块、单元、课时教学组成的整体系统，是由一定数量的相互联系的要素（如教师、学生、教学目标、教学内容、教学方法手段、教学评价、教学环境等）有机结合起来具有多种教学功能的综合体。体育与健康教学设计就是要将各个体育与健康教学系统的要素与具有提供潜在可能性的学习资源联系起来，不是孤立地考虑某个或某几个要素，而是以系统的、总体的、开放的视角去看待每个要素，既要发挥每个要素的应

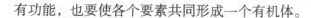

有功能，也要使各个要素共同形成一个有机体。

2. 系统论对体育与健康教学设计的要求

系统论对体育与健康教学目标设计、教学策略设计、教学过程设计的指导体现在以下几个方面：

第一，教学目标设计应体现衔接性。体育与健康课程有水平、学年、学期、模块、单元、课时的纵向教学目标设计，也有运动能力、健康行为、体育品德的横向教学目标设计，纵横交错、环环相扣、层层递进。在开展教学目标设计时，需要从系统论的角度，厘清各阶段、各层级目标之间的衔接关系，做到承上启下、层层落实。

第二，教学策略设计应体现整体性。教师要将学生的学习需求与身心发展特点、自身具备的教学技能、学校的场地资源等作为教学主要考量要素，进而选择学生愿学、乐学、能学会的教学内容。同时，教师应从系统的角度，选择相应的教学组织形式、教学方法与手段、教学媒体，使各个要素相互联系，形成整体合力，促进学生体育学科核心素养的培养。

第三，教学过程设计应体现渐进性。教师不应将教学重心放在单个学习活动上，而是要把每个学习活动串联起来，注重学习活动之间的衔接性，使学习活动由易到难、循序渐进，并强调通过系统的知识技能结构训练来完成学习活动，如教学比赛或教学展示。

（二）建构主义学习理论和体育与健康教学设计

1. 建构主义学习理论的内涵

1990年，在美国佐治亚大学教育学院组织的"教育中的新认识论"系列研讨会上比较正式地提出了建构主义学习理论。建构主义学习理论是众多学者集体智慧的结晶，皮亚杰、布鲁纳、维果茨基、杜威等人对建构主义学习理论的前期发展做出了巨大的贡献。建构主义学习理论认为，学习不是教师单方面向学生灌输知识的行为，而是学生在一定的社会文化背景下，通过他人的帮助（包括教师和学习伙伴），利用相关学习资源，对外界信息进行主动选择、加工，并在已有知识的基础上对新信息进行编码与建构的过程。

由此可见，"情境""协作""会话""意义建构"是学习环境中的四大要素。"情境"是指教师要改变单调枯燥的学习空间，积极创设有利于激发学生学习的内在动力、有利于学生对所学知识进行结构化建构的学习空间。"协作"指课堂教学中不仅要实现教师与学生的协作，使学生作为主体在教师的指导下进行学习，而且要有学生之间合作完成学习活动的任务。"会话"是协作过程中不可缺少的环节，这一环节强调师生、生生之间要进行有意义的互动。"意义建构"是指课堂教学不是教师简单地灌输知识与技能，而是要让学生认识到学习的意义，主动学习并建构知识体系，这也是学习所要实现的重要目标。

2. 构建主义学习理论对体育与健康教学设计的要求

建构主义学习理论对体育与健康教学目标设计、教学策略设计、教学过程设计的指导体现在以下几个方面：

第一，教学目标设计应体现发展性。教师要围绕运动能力、健康行为与体育品德三个方面来设计教学目标，促进学生形成正确的价值观、必备品格与关键能力。在教学中，通过体育知识、运动技能的学练和体能的练习，学生能够主动构建自己的知识体系，提高运动能力，发展高阶思维，提升综合素养。

第二，教学策略设计应体现交互性。教师要选择能促进学生回顾、融合与利用的其他相关内容，加强教学内容之间的关联性与整合性。尽可能给学生创设相应的体育学习情境，采用自主学习、合作探究、游戏竞赛等方法，营造融洽的学习氛围，让学生积极参与到课堂活动中，并注重师生、生生之间的讨论、交流与沟通，引导学生获得相应的知识体系或运动技能，提升学生自我知识体系建构的能力。

第三，教学过程设计应强调主体性。教师要将自己作为组织者、指导者、帮助者和促进者，以学生为主体，以学生的学习与发展为中心，以学习活动为载体，给予学生心理的支持与正确的引导和评价，创建和谐的师生关系，激发学生在学习过程中发现问题、分析问题、解决问题的意识，明确学生的主体地位。

（三）教学过程最优化理论和体育与健康教学设计

1. 教学过程最优化理论的内涵

教学过程最优化理论是20世纪70年代初期由苏联教育家巴班斯基提出来的。巴班斯基认为最优化不是某种特别的教学方法或方式，而是教师在遵循教学规律和原则的基础上，有针对性地安排教育教学过程，自觉地、有科学根据地（而不是自发地、偶然地）选择具体条件下课堂教学和整个教学过程的最好方案。教学过程最优化可以理解为根据培养目标和具体的教学任务，充分考虑学生、教师和实际教学条件，按照教育教学规律和教学原则，制订一个最优的工作方案（或者说进行科学而系统的教学设计），然后灵活机动地实施这个工作方案（或教学设计），用不超过规定限度的时间和精力，取得对于该具体条件来说是最大可能的结果，这个结果反映在学生身上就是全班每位学生都获得适时的最合理的教养、教育和发展。

2. 教学过程最优化理论对体育与健康教学设计的要求

教学过程最优化理论对体育与健康教学策略设计、教学过程设计、教学评价设计的指导体现在以下几个方面：

第一，教学策略设计应体现针对性。教师应在遵循体育与健康课程标准要求的基础上，根据学生心理发展特点、生理发展特点、运动技能发展特点、体能发展特点来选择学生易接受、需提升的教学内容。教学方法与手段的选择要做到"因材施教"，要针对教学内容的不同性质与学生身心发展特点选择恰当的教学方法与手段。教学组织形式要实现最优化，将全班的、小组的和个别的教学组织形式结合起来，减少队伍的频繁调动以及排队等候练习时间过长的情况。教学媒体应围绕教学目标、重难点、学生情况等，将媒体优势与实效最大化。

第二，教学过程设计应体现系统性。教师应把教学过程作为一个系统进行研究，对构成该系统有机联系的各个学习活动进行综合考查，一般在教学过程中学习活动的安排不易太多，基本部分的学习活动以4~6个为宜，每一个学习活动应围绕教学的重难点由易到难，层层设计。同时，教师需要明确学生易犯错误的学习活动，并有解决问题的详细预案，能适时给予学生合理的学习反馈信息。

第三，教学评价设计应体现过程性。为了使教学过程最优化，教师在学期初要明确学生在动作技能、情感态度等方面的起始水平，初步设想学生可以达到的预期水平。经过一段时间的学习后对学生的水平再次评价，并时刻关注学生的整个学练过程，根据学生的学练情况及时调整教学计划，培育学生的学科核心素养，争取达到教学最优化的目的。

二、体育与健康教学设计的理念

理念是行动的先导。体育与健康教学设计作为教师高效地开展体育与健康教学的必备环节，需要以科学先进的教育教学理念为指导。鉴于《义务教育体育与健康课程标准（2021版）》的基本精神和要求，结合体育与健康教学实践，体育与健康教学设计应遵循"以学生发展为中心""知识技能结构化"两大理念，以指导体育与健康教学目标设计、教学策略设计、教学过程设计和教学评价设计。

（一）"以学生发展为中心"理念和体育与健康教学设计

1. "以学生发展为中心"理念的含义

21世纪初，我国第八次基础教育体育与健康课程改革明确提出了"以学生发展为中心，重视学生的主体地位"的改革理念，标志着我国"以学生发展为中心"的体育与健康课程理念的确立。体育与健康教学设计应"以学生发展为中心"，将学生作为课堂教学的主体，尊重学生身心发展规律，尊重学生认知水平规律，尊重学生运动能力、健康行为、体育品德的个体差异性，引导学生在教师的主导下进行体育与健康课程的学习。

2. "以学生发展为中心"理念对体育与健康教学设计的要求

第一，教学目标设计应体现主体性。教师要基于学生的认知水平、身心特点、能力水平等，对学生的学习起点、适用的教学策略以及学习新知识时可能遇到的困难作出综合分析后设计适宜的教学目标。同时，教学目标的表述要明确地体现出行为完成的主体是学生，而不是教师。

第二，教学策略设计应遵循差异性。教师要遵循由易到难、层层递进的原则，对体育基本理论知识、运动技战术和体能练习等内容进行合理组织与搭配，充分利用体育教学资源创设多种有利于学习的教学情境，注重学生的自主学习、合作学习和探究学习，并能根据不同学生的学习情况实施分层教学，充分发挥学生的主体地位，使学生学有所乐、学有所获。同时，教师要学会预设课堂问题，并提出解决问题的策略。

第三，教学过程设计应强调探究性。教师必须从学生实际需求出发，关注学生的身体发育、能力发展和体育品德培育，合理安排运动负荷，突出学习活动中的合作交往及探索创新，凸显学习活动的功能，细化学习活动步骤，明确学习活动具体要求，完整、有序地形成学习活动的整体规划。

第四，教学评价设计应注重发展性。教师要改变单一的评价方式，发挥学生的评价主体作用，让学生参与到课堂教学评价中，尊重学生的互评与自评，让学生在评价中清楚自身存在的不足，反思自我，激发内在动力，从而实现评价主体的多样性。同时，价值取向要实现由"为掌握而评"向"为发展而评"的转变，以体现学生的发展和尊重学生的个性。

（二）"知识技能结构化"理念和体育与健康教学设计

1. "知识技能结构化"理念的含义

传统体育教学内容和教学方法的设计，过多地关注单一技术动作的讲授与学练，导致"学了12年或14年的体育课，绝大多数学生一项运动技能也未掌握""学生喜欢运动却不喜欢体育课"等现象的出现。体育知识技能的结构化教学强调整体性、关联性、层次性、应用性，这不仅可以解决单一技术教学所存在的弊端，而且有利于提升学生的体育学科核心素养。

体育与健康教学设计要遵循"知识技能结构化"理念，并将其体现在教学目标、教学策略、教学过程、教学评价中，改变过于强调单一技术的教学，让学生真正学有所获，继而让学生喜欢上体育活动，更喜欢上体育课。

2."知识技能结构化"理念对体育与健康教学设计的要求

第一，教学目标设计应体现综合性。教学目标不能仅围绕单个技术来设计，如"完成定点投篮5个"，还应突出能力培养。基于这一思路，上述目标可以修改为"全场连续运球体前变向过障碍物后，能在60秒内固定地点自投自抢进5个球"，这样既考查了学生的运球、变向能力，又考查了学生的投篮水平。同时，要有完成教学目标的情境，即学生在什么样的情境下完成目标，如"紧逼防守下，8秒内将球从后场通过与同伴的相互接应推向前场，并运用传切配合组织进攻"。

第二，教学策略设计应突出整体性。教师应围绕某一主题，将运动技能、运动体能、健康知识等有机结合起来，让学生在综合性知识或跨学科主题学习活动中提高综合能力；或者在开展完整运动项目教学时，引导学生学练该项运动的组合技术或战术，让学生尽早地体验完整的运动项目。同时，要采用信息技术、问题链等多种手段，创新学生展示或比赛的组织形式，加深学生对知识、技战术的整体把握与学习。

第三，教学过程设计应强调情境。教师要精心创设复杂的体育教学情境，为学生展现自我提供平台，学生只有在复杂的情境下将所学知识应用到实验中，才能实现知识技能的结构化。教师在设计活动情境时，一定要有教学比赛或实践展示环节，营造相应的情感氛围，充分调动学生的积极性，让学生通过亲自经历和体验，成为知识的主动建构者。

第四，教学评价设计应具有指向性。教学评价内容要依据学科核心素养目标维度，从运动能力、健康行为、体育品德入手，围绕整体学习活动展开有针对性的评价，在"大单元"视角下呈现学科核心素养的整体观，而不是单纯地、孤立地评价单个技术或者学习活动。同时，通过评价要使学生形成多维度、多层次且互相关联的知识体系，实现跨学科、跨主题学习的相互贯通与渗透。在课时教学评价中切忌进行单一维度的目标评价，要进行多维目标评价，最终形成完整的单元教学评价体系。

第二章

体育与健康教学的
学情分析与目标设计

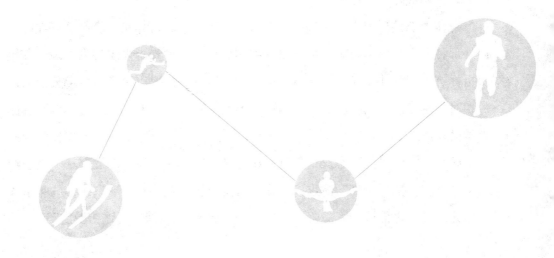

第一节　体育与健康教学的学情分析

　　体育与健康教学设计是一个解决问题的过程，学情分析是这一过程的起点，这里提到的"问题"主要是指教师"为何教"和学生"为何学"的问题。只有深入体育与健康教学实际，根据学生发展特征及体育与健康学习需要，了解学校现有的体育与健康教学资源和教学环境，才能增强体育与健康教学设计中决策阶段各要素设计的准确性、针对性和时效性。体育与健康教学的学情分析一般包括学生身体发展特征及体育需求分析、心理发展特征及体育需求分析、社会体育特征及体育需求分析三部分内容。

一、学生身体发展特征及体育需求分析

（一）身体形态发育特征及需求分析

1. 身体形态发育特征

　　身体形态是反映人体生长发展规律、体质水平、营养状况等客观存在的人体外部特征。身体形态一般由体格、身体成分、体型和身体姿势来体现，其主要指标有身高、体重、脂肪含量、肌肉和骨骼发育情况以及身体各部分在人体的相对位置等。不同阶段的学生身体形态发育特点存在差异，这对体育与健康教学设计提出了不同的要求。

　　第一，学生身体形态发育具有明显的年龄特点。身体形态发育是一个连续动态的过程，依据身高、体重、胸围、肩宽、骨盆宽等重要形态指标的年增长值划分，10岁之前属于第一阶段，10~20岁属于第二阶段。人在出生后第二年

的发育速度略低于第一年，之后保持相对稳定的发育速度。从10岁开始人的生长发育速度加快，前期为11～14岁，是生长发育的突增期，生长发育速度快，各项指标增长量大；后期为15～20岁，各项指标增长速度逐渐减慢，直到成熟为止。

第二，学生身体形态的发育具有性别差异。随着学生年龄的增长，小学阶段的后期，学生进入青春发育期，一般女生发育期较男生早2～3年，因而女生10岁时身高一般会超过同年龄男生，但又因女生停止长高的年龄比男生早3～4年，男生突增时间比女生持续时间长，所以到发育成熟时，男生身高大多超过女生。在青春期，由于下肢骨骼增长速度较快，下肢增长比例增大，男生和女生跑、跳、跨等基础素质能力均有所发展。

2.体育需求分析

依据学生身体形态发育的阶段性、动态性及性别差异，在小学阶段，男女生可以合班上课，不分性别，可多安排健美操、舞蹈、跳绳等运动使学生提高机体免疫力，增加心肺耐力，促进骨骼生长发育，但训练时间不宜过长。

（二）生理机能发育特征及需求分析

生理机能是指人体在新陈代谢作用下，各器官系统工作的能力。常见的生理机能评价指标有脉搏、血压、肺活量等。与体育运动联系较为紧密的系统主要包括神经系统、运动系统、呼吸系统和心血管系统。

1.神经系统发育特点及需求分析

儿童青少年神经系统的兴奋和抑制功能发展不均衡，神经活动过程相对不稳定。小学阶段，学生神经活动的第一信号系统占主导地位，主要靠具体的直观形象建立条件反射，第二信号系统相对较弱，抽象思维能力较差，分析综合能力还不完善。

小学阶段，教师应多采用直观教学，让小学生通过模仿进而掌握动作技能，同时安排丰富多彩的教学内容、灵活多变的学练活动或者趣味性游戏，激发小学生的兴趣和求知欲。

2. 运动系统发育特点及需求分析

小学生骨骼发育主要表现为长骨（股骨和肱骨等）的快速增长，其中软骨成分居多，水分和有机物质较多，无机盐少，骨密质差，因此骨的弹性大而硬度小，不易发生完全骨折但容易发生弯曲和变形。此阶段，肌肉开始纵向生长，肌肉的横断面积小，收缩功能较弱，肌力较小，肌耐力较差，易疲劳，但恢复较快。

在小学阶段，教师的教学设计应该选择适宜的练习方式和运动负荷，刺激小学生骺软骨细胞的增殖，促进骨的增长，并防止小学生骨化过程提前完成或骺软骨损伤。

3. 呼吸系统发育特点及需求分析

儿童青少年呼吸系统的发育随年龄的增长而日趋完善，功能逐渐增强。小学阶段的学生胸廓较小、呼吸肌较弱且呼吸表浅、新陈代谢旺盛，故呼吸频率较快，肺容积小，肺活量也较小，呼吸调节机能较弱。

教师在进行小学阶段教学设计时，应安排适当的胸廓锻炼，增大小学生的胸围与呼吸差，提高小学生的肺活量，在指导小学生进行加强呼吸深度练习时，力求使小学生呼吸与动作正确、协调配合，但应避免憋气动作练习。

4. 心血管系统发育特点及需求分析

儿童青少年心脏的发育不如骨骼肌快，心肌纤维细，心收缩力较弱，心率较快，心脏每搏输出量比成人低。随着年龄增长，心收缩力逐渐增强，心率逐渐减慢，20岁左右趋于稳定。8岁学生心脏的每搏输出量的绝对值为25.0毫升，而12岁学生的每搏输出量为35.7毫升，但每千克体重的心脏每搏输出量差异不明显，说明小学生的心脏能够承担适当的运动负荷。

小学阶段，教师在安排运动负荷时，应避免让学生进行长时间的剧烈活动及需要憋气的活动，如拔河比赛等。

二、学生心理发展特征及体育需求分析

学生心理发展是学生个体从出生到成年间所发生的积极的心理变化过程，

主要包括学生的认知发展、非认知发展、个性心理三个方面，且每一方面具有自身的特点。

（一）认知发展特征及需求分析

认知主要包括感知、注意和思维。小学生感知能力较差，以视觉和听觉占主导地位，抽象思维尚未形成，其思维形式以感觉运动模式为主，动作模仿能力较强。这一时期，学生往往对新颖动作示范很感兴趣，而对教师的讲解缺乏热情。教师应多运用正确、生动的讲解，优美、形象的示范，通过直观方式丰富学生的感性认识，激发学生参与体育学习的兴趣和积极性。

学生思维的发展是从具体到抽象、从低级到高级，既有连续性又有阶段性的发展变化。在小学阶段，学生的思维处在从具体形象思维向抽象逻辑思维过渡的时期，以具体形象思维为主，不同学生的思维存在差异。

注意是心理活动对有关对象的指向与集中。注意分为无意注意、有意注意和有意后注意三种。小学生的有意注意处在发展阶段，无意注意起重要作用，容易被外界事物所吸引。

每个年龄段的学生可以连续集中注意力的时间长度是不同的，5～7岁的学生连续集中注意力的持续时间在15分钟左右，7～10岁的学生持续时间是20分钟左右，10～12岁的学生在25分钟左右，12岁以上的学生在30分钟左右，教师要利用学习的高峰期和注意力集中时期解决重点，突破难点，促进学生技能的形成。

（二）非认知发展特征及需求分析

非认知发展特征一般指情感和意志发展特点。情感是人们对客观事物是否满足自己的需要而产生的态度体验。青少年时期是个体身心发展最迅速的时期。小学阶段学生的情感体验内容不断丰富，情感的深刻性和稳定性不断增强，情感表现强烈、鲜明，但对情绪和情感的控制力不够，如小学生个人或集体会为游戏或比赛中的获胜而欢呼雀跃，也会因一时的失败而垂头丧气。小学生意志的独立性、果断性、坚持性和自制性都比较差，他们常需要依靠外部影响来完成某一活动。

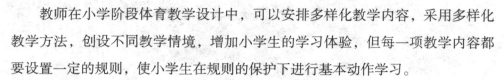

教师在小学阶段体育教学设计中，可以安排多样化教学内容，采用多样化教学方法，创设不同教学情境，增加小学生的学习体验，但每一项教学内容都要设置一定的规则，使小学生在规则的保护下进行基本动作学习。

（三）个性心理特征及需求分析

个性是指个人整体的面貌，包括与他人相同的心理特征，也指个人区别于他人所具有的意识倾向性以及经常出现的较稳定的心理特征的总和。

个性包含个性心理特征和个性倾向性两个方面。个性心理特征由气质、性格和能力三方面因素组成。个性倾向性由需要、动机、兴趣、信念和世界观等构成。对于小学生来说，动机和兴趣是其个性心理的集中表现。小学生做事直接动机占主导地位，随着年级的升高，间接动机更显重要。

就学生的体育兴趣而言，小学生一般对各项运动都感兴趣。体育教师应有计划、有组织地加强体育锻炼目的性的教育，端正学生的锻炼动机，使之成为推动学生自觉学习、锻炼和从事专项训练的动力。

三、社会体育特征及体育需求分析

社会体育是以全社会参与为特征，以丰富人们的生活、提高人们适应社会的能力、保持与增进人们的健康为目的，以从幼儿到老年人为对象，以家庭、单位和社区等场所为活动空间，以各种练习形式为活动内容而开展的组织灵活、形式多样的体育活动。社会体育特征可从学校体育特征、家庭体育特征和社区体育特征三个方面的协同发展来分析学生对体育的需求。社会体育的主要目标是构建由学校、家庭及社区组成的"三位一体"的体育教育模式，通过学校体育的技能传授与基础训练、家庭体育的兴趣练习与互动锻炼、社区体育的形式多样与休闲娱乐等体育教育方法和方式，有效增强学生的身体素质，促进学生的全面发展。

（一）学校体育特征及需求分析

学校体育是体育教育的重要组成部分，它是以在校学生为参与主体的体育活动。学校体育通过培养学生的体育兴趣、态度、习惯、知识和能力来增强学生的身体素质，学校体育的目的是培养学生的道德和意志品质，促进学生的身心健康发展。

在学生需求分析上，主要从体育教学、课外体育活动、运动训练和体育比赛、早操和课间操、科学的作息和保健措施五个方面进行分析。学校体育教学以体育课为主要形式，在体育课上，教师先要通过热身运动使学生的身体进入运动状态，避免学生在运动过程中受伤；接着要传授给学生各类运动技巧、动作要领及需要了解的注意事项。课外体育活动主要是指由学校或学生自行组织，以学生体育锻炼为主要内容的活动。学生在课外体育活动中不但能掌握运动技巧（如跑步过程中的呼吸节奏、立定跳远时的连贯动作、跳高时的身体调节及如何克服恐惧等），取得更好的锻炼效果，而且能培养良好的心理素质。运动训练和体育比赛主要是指运动代表队训练和各种形式的体育比赛，如班级赛、校际赛、各类选拔赛以及参加地区和全国性比赛等，其目的主要是帮助学生进行每日运动训练，积极养成"教会、勤练、常赛"的锻炼模式。早操多为学生个人锻炼或自由组合锻炼；课间操多为有组织的徒手体操活动，在缓解学习压力的同时，还能促进学生的身心健康成长。科学的作息和保健措施旨在保证学生有足够的睡眠、休息和锻炼时间，使学生学会科学锻炼的方法，培养学生从事体育运动的态度、兴趣、习惯和能力，最终养成终身体育锻炼的习惯。

（二）家庭体育特征及需求分析

家庭体育是指由家庭成员自发组织和参与的，通过体育锻炼活动来满足家庭成员兴趣爱好、获得运动知识技能、丰富家庭生活，达到休闲娱乐、强身健体和促进家庭稳定等目的的教育过程和文化活动。家庭体育活动形式丰富，场地灵活多变。

与学校体育相比，家庭体育的引导者主要是学生的主要家庭成员。家庭体育具有很强的灵活性，其主要目的是帮助孩子养成良好的体育习惯，培养孩子对体育运动的兴趣，增强孩子身心健康。家庭体育也离不开体育教师，体育教师通过布置家庭体育作业，并就将会出现的问题积极与家长进行沟通，搭建学校和家庭体育的桥梁，使学生在休息日及假期都可以进行体育锻炼，增强体质。家庭体育教育应结合学生的兴趣，在实施过程中，教师可以通过电话、邮件、短信等途径与家长进行沟通，了解家长在实施家庭体育教育中存在的问题，并且提供帮助和解答。教师还可以通过班级群与家长保持沟通，在群内集中解答家长在进行家庭体育教育时存在的普遍问题，这样不仅使学生的知识技能得到充分掌握，锻炼时间得到保障，身体素质显著提高，而且提升了亲子之间的感情。

（三）社区体育特征及需求分析

社区体育是指由特定社区的居民在社区范围内就近组织和参加，利用社区内的简易体育器材和设施，通过形式多样的活动达成强身健体、休闲娱乐、社会交往等目的的群众体育活动。

多数人认为，社区体育的主要对象是成年人，但随着人们生活水平的提高和社区体育设施的完善，小学生参与社区体育的规模越来越大。社区体育可以为小学生开展课外锻炼与技能训练提供途径和场所。例如，大多数小学生对篮球运动比较感兴趣，大部分社区都建有篮球场，教师可以通过不同方式引导学生在节假日与家人或朋友一起在社区打篮球，这既能提高小学生篮球技能，又能促进小学生身心和谐，同时，有利于培养小学生团结协作的意识。

第二节　体育与健康教学的目标设计

教学目标设计是教学设计与关键一环，科学合理的教学目标设计是实施有效教学的重要策略。教学目标设计得是否合理，直接影响着教学质量，最终会影响学生体育与健康学科核心素养的培育。本节主要针对体育与健康教学目标的概念、体系及设计原则进行阐述。

一、体育与健康教学目标的概念

教学目标是指在一定的时间内教学所要达到的预期成果。教学目标是教育目的、培养目标和课程目标的具体体现。体育与健康教学目标是由体育教师依据课程目标制定的，是体育与健康教学过程中师生预期要达到的学习成果和标准，对体育教学活动具有较强的指导性，同时也具有一定的灵活性。

教学目标设计是对教学应达到的成果或标准的预设。体育与健康教学目标设计是指体育教师依据体育与健康课程目标，结合学生的身心发育特征及教材特点，确定通过体育知识、技能学习和体能练习后学生将达到的最终行为状态，并将学生通过体育学习后达到的最终行为状态用具体、明确、可操作、可测量的成果或标准描述出来的过程。

二、体育与健康教学目标的体系

体育与健康教学目标体系是由多个层次的教学目标构成的，教学目标的分层或分类因其划分标准不同而存在差异。如以时间跨度长短来划分，可以分为超学段、学段、学年、学期、模块、单元和课时、技术点或知识点的体育与健康教学目标，这些目标之间是上位到下位的递进关系，也可将其归纳为宏观、中观、微观三个层面。其中，宏观层面包括超学段教学目标和学段教学目标；中观层面包括学年教学目标、学期教学目标和模块教学目标；微观层面包括单元和课时教学目标以及技术点或知识点的教学目标。

在此体系中有超学段和学校体育与健康教学目标，每个学段教学目标包括两个学年教学目标，每个学年教学目标包括两个学期教学目标，每个学期教学目标包括若干模块教学目标，每个模块教学目标包括若干单元教学目标，每个单元教学目标包括若干课时教学目标，每个课时教学目标包括若干技术点或知识点教学目标。这使得体育与健康教学目标体系呈现出层层衔接，环环相扣，从宏观到微观，逐步细化的特点。

三、体育与健康教学目标设计原则

教学目标的设计是由教师发起的，但最终的落脚点是学生。教师应站在学生的角度，遵照SMART原则进行设计。即教师对教学目标的设计应具有明确性（Specific）、可测量性（Measurable）、可达成性（Attainable）、相关性（Relevant）和时效性（Timely）。

（一）明确性

明确性是指要用具体明确的语言清楚地说明要达成的行为标准。在进行体育与健康教学目标设计时，对目标的设定越具体越好，只有具体的目标才是有效的目标。例如，"发展上肢力量和灵活性"只描述了要发展的内容，没有描述在什么条件下发展、怎样去发展，像这样的教学目标同样可适用于其他教学内容，失去了作为特定一节课或特定教学内容目标的意义。设定明确的目标能够提升教学效果，在进行教学目标的设计时，不可模棱两可、目标不清晰或缺失目标。

（二）可测量性

可测量性是指目标应该是明确的，应有明确的数据作为衡量目标达成的依据。如果设计的目标无法衡量，就无法判断这个目标是否达成。具体的教学目标，需要通过一定的方法或手段对其达成度进行检验，如运动技能维度的教学目标，可通过某种工具进行直接测量。但并不是所有的教学目标都可以用数据来衡量，如体育情感维度的教学目标就无法实现数据化。在进行体育与健康教学目标的设计时，应遵循"能量化的量化，不能量化的质化"的原则。例如，在二年级的攀登与爬越课中，运动技能维度目标为"学生能够在1.8米高的绳架上手脚依次攀登"，情感维度的目标为"能与伙伴积极交流攀登绳架等活动时的心理感受"。

（三）可达成性

可达成性是指教学目标是能够被学生所接受的，是学生通过努力可以达成的。如果目标无法实现，那么花费再大的工夫都毫无意义。教师在制定教学目标时，应充分考虑学生的现有能力水平，并充分了解可利用的资源条件，促使教学目标的达成，切忌制定不切实际、难以实现的目标。

（四）相关性

相关性是指实现某目标与其他目标的关联情况。在进行体育与健康教学目标设计时，不仅要注意体育知只、运动技能、体能、情感四个维度之间的关联性，还要注意教学目标与实际应用的联系，明确目标对现实生活的意义。通过教学目标的达成，学生不仅学会了知识，而且懂得如何应用所学知识使教学目标效益最大化。

（五）时效性

时效性是指教学目标的时间是有限制的，应及时完成目标并给予反馈。体育与健康课程的教学目标是否达成以及何时达成，都是师生较为关注的问题。宏观和中观层面的教学目标属于长期目标，需要学生花费较多的时间完成，而微观层面的教学目标属于短期目标。达成目标的时间长短决定了反馈的类型，相比延迟反馈，及时反馈对学生的吸引力更大。短期目标相对于长期目标来说更容易调动学生的积极性。在设置体育与健康课程教学目标时，应采用长期与短期相结合的方式，短期目标是保持学生持续学习的兴趣，长期目标是能使学生获得更长远的发展进步。

第三章

基于新课标解读
小学体育与健康课程

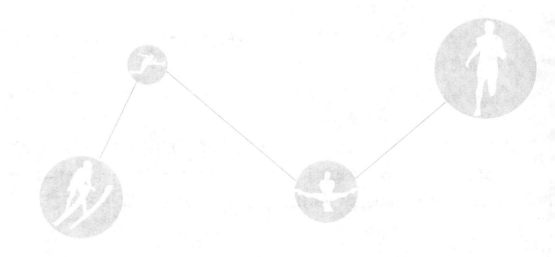

第一节 对《义务教育体育与健康课程标准（2022年版）》的解读

一、《义务教育体育与健康课程标准（2022年版）》重视中华优秀传统体育

党的十九大报告对传承与发展中华优秀传统文化、增强文化自信提出了鲜明要求。中共中央办公厅、国务院办公厅印发的《关于实施中华优秀传统文化传承发展工程的意见》和教育部印发的《完善中华优秀传统文化指导纲要》明确了中华优秀传统文化传承的意义、目标、方向与路径。中华优秀传统体育文化是中华优秀文化与传统体育的经典融合，是由中华各民族创造并经过长期传承发展而形成的具有民族特色、当代价值的身体运动文化。以学校为阵地推进中华优秀传统体育文化的教育传承，是构建中华优秀传统文化继承体系、推动文化传承创新的重要途径。

（一）《义务教育体育与健康课程标准（2022年版）》对中华优秀传统体育提出的新要求

《义务教育课程方案（2022年版）》将"中华优秀传统文化"作为修订原则之一"坚持目标导向"中的一个方面，并在2022年版课标修订中突出中华优秀传统体育文化的传承和创新。《义务教育体育与健康课程标准（2022年版）》在课程内容、学业质量、课程实施三个方面纳入了"中华传统体育类运动"，并做了详细说明。下面对这些新变化进行分析、解读。

1.将"中华优秀传统文化"课程内容目标化

本次义务教育课程方案修订和课标修订将"中华优秀传统文化"作为修订原则第一条"坚持目标导向"的重要内容，提出要"将社会主义先进文化、革命文化、中华优秀传统文化、国家安全、生命安全与健康等重大主题教育有机融入课程，增强课程思想性"。从这里可以看出，传承和弘扬"中华优秀传统文化"是义务教育阶段各课程必须达成的目标，各课程要合理设置"中华优秀传统文化"相关内容。同时，在课程方案中，将"中华优秀传统文化"作为使学生成为"有理想、有本领、有担当的时代新人"的培养目标的具体要求，在"有理想"中提出"努力学习和弘扬社会主义先进文化、革命文化和中华优秀传统文化，理解和践行社会主义核心价值观，逐步领会改革创新的时代精神"。为此，2022年版课标修订中，根据课程方案总体要求和修订精神，将中华优秀传统体育植入课标，从2011年版课标课程内容的"武术与民族民间传统类体育"学习上升为"中华传统体育类运动"专项运动技能。这说明本次课标修订非常重视"中华优秀传统体育"在学校的体系化传承与创新，要以学校为阵地，建构中华优秀传统体育的文化继承体系。

2.将中华传统体育类运动体系化

《义务教育体育与健康课程标准（2022年版）》对中华传统体育类运动给予了定义、分类、举例，并阐述了其功能，明确了中华传统体育类运动是专项运动技能的一类，是课程内容的重要组成部分，与球类运动、田径类运动、体操类运动、水上或冰雪类运动、新兴体育类运动共同构成义务教育阶段专项运动技能体系。

3.明确中华传统体育类运动的具体内容要求和学业质量要求

在充分考虑学生身心健康发展水平和地域特色的前提下，《义务教育体育与健康课程标准（2022年版）》将义务教育阶段的中华传统体育类运动项目分为武术类运动项目和其他民族民间传统体育类运动项目，并选择了中国式摔跤、长拳、舞龙三个项目作为案例，提出水平二至水平三的具体内容要求，制定了学业质量合格标准，为"中华传统体育类运动项目"的教学提供了依据和参考。

4. 系统设计中华传统体育类运动的实施

从理念先行，到明确目标，再到具体落实，《义务教育体育与健康课程标准（2022年版）》详尽呈现了中华传统体育类运动在课程实施环节的具体要求。提出不同学段选择中华传统体育类运动作为教学内容的具体方向和方法；提出《义务教育体育与健康课程标准（2022年版）》教材的编写须突出中华优秀传统体育文化的内容，反映中华优秀传统文化；提出须注重中华传统体育类运动项目作为教学资源、课程资源的开发和利用；明确"跨学科融合"是传承中华优秀传统体育文化的重要方式和途径。这一成体系的关于"中华优秀传统体育"课程实施的闭环设计，对教师进一步理解、认识、把握和推进《义务教育体育与健康课程标准（2022年版）》的实施具有重要意义。

（二）强调中华传统体育类运动的意义和价值

将中华优秀传统体育纳入2022年版课标，是推动教育部《完善中华优秀传统文化指导纲要》落地的具体工作，还是全面强化学校体育、提高学生体质健康水平、丰富体育课程内容体系的重要抓手，对于积极推进中华优秀传统文化教育，深化中国特色社会主义教育和中国梦宣传教育，构建中华优秀传统文化继承体系，推动文化传承创新，培育和践行社会主义核心价值观，培养德智体美劳全面发展的社会主义建设者和接班人，培养担当民族复兴大任的时代新人具有重大意义。

（三）中华优秀传统体育文化的内涵与分类

中华优秀传统体育文化是中华优秀文化与传统体育的经典融合，是由中华各民族创造并经过长期传承发展而形成的具有现代民族特色、当代价值的身体运动文化。中华优秀传统体育文化是由众多民族、民间和民俗体育文化构成的统一体，是中华传统体育实践的精华凝练，其形成和演进有着其相应的政治、地理和文化背景，在发展过程中形成了一系列独特的文化特征：尊重自然，人与自然协调发展；"尊师重道"，教书育人，教学相长，因材施教；"体用一元"，以实践练习、身体练习为主，形式与内容一致。

根据2022年版课标的具体要求，结合学校传统文化教育传承的实际需要，将适宜在义务教育学段开展的中华传统体育类运动项目归纳为武术类运动项目和其他民族民间传统体育类运动项目。武术类运动项目包括长拳、形意拳、八卦掌、中国式摔跤、太极拳、射箭、射弩等；其他民族民间传统体育类运动项目包括舞龙、舞狮、摇旱船、跳竹竿、赛龙舟、荡秋千、抢花炮、珍珠球、毽球、蹴球等。

二、强调核心素养的培养

通过体育与健康课程培养学生的核心素养是《义务教育体育与健康课程标准（2022年版）》中最重要的概念，也是义务教育体育与健康课程改革和发展的根本宗旨。体育与健康课程要培养的核心素养是落实新时代"立德树人"根本任务的抓手，更是体现党的教育方针的"德智体美劳全面发展"的必然要求。充分认识和科学解答《义务教育体育与健康课程标准（2022年版）》对体育与健康课程要培养的核心素养的规定及要求，有助于更好地理解新时代学校体育与健康课程教学，对于贯彻落实《义务教育体育与健康课程标准（2022年版）》等都大有裨益。

（一）《义务教育体育与健康课程标准（2022年版）》对核心素养提出的新要求

《义务教育体育与健康课程标准（2022年版）》提出"体育与健康课程要培养的核心素养"，就是旨在让学生通过体育与健康课程学习，形成正确的价值观和必备品格，掌握终身体育锻炼所需的、全面发展必备的关键能力，主要包括运动能力、健康行为和体育品德等方面的能力。

《义务教育体育与健康课程标准（2022年版）》的主要变化在于基于核心素养目标，从注重学科逻辑到注重学生发展逻辑。具体体现在以下两点：一是在内容上，更加突出强调"健康行为"和"体育品德"；二是在关系上，更强调能力（运动能力）、行为（健康行为）和品德（体育品德）的整体性，强调能力、行为和品德在解决复杂情境的实际问题过程中整体发挥作用。

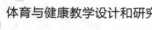

（二）强调核心素养的意义和价值

《义务教育体育与健康课程标准（2022年版）》的颁布集中体现了新时代党和国家对学校体育工作提出的新要求和对人才培养的新期许。研制印发《义务教育体育与健康课程标准（2022年版）》既是落实国家教育方针，培养"德智体美劳全面发展的社会主义建设者和接班人"的总要求，也体现了学科育人的独特功能，深化了我国体育与健康课程改革的主要发展方向，有助于落实"立德树人"的根本任务和体现体育与健康课程综合育人的独特功能。

体育与健康课程要培养的学生核心素养是落实"立德树人"根本任务的抓手，是学生在体育与健康课程学习当中应该形成的最基本、最重要的素养，是实施体育与健康学科课程标准的出发点和落脚点，是引领体育与健康课程教学内容设定、教学方式设计、学业质量评价等的主要依据和指南，体现"以体育人"的本质特征。

（三）核心素养的内涵、特征与核心要素

1. 体育与健康课程要培养的核心素养的内涵

《义务教育体育与健康课程标准（2022年版）》提出体育与健康课程要培养的核心素养，"主要是指学生通过体育与健康课程学习而逐步形成的正确价值观、必备品格和关键能力，包括运动能力、健康行为和体育品德等方面"。体育与健康课程标准作为连接中国学生核心素养与学科课程的桥梁，不仅服务于"教什么"和"学什么"的问题，还服务于"怎么教"和"怎样学"的问题，更要服务于"如何评"的问题。

2. 体育与健康课程要培养的核心素养的特征

《义务教育体育与健康课程标准（2022年版）》所强调的体育与健康课程要培养的核心素养主要体现出以下几种特征：

（1）全面性

全面性即整体性。体育与健康课程要培养的核心素养在三个方面体现了科学严密的整体性。运动能力、健康行为和体育品德三者自成一体又不可分割，且不可厚此薄彼。忽视健康行为的运动能力是功利主义的，运动能力是不可长

久的；缺乏精神支撑的运动能力训练是没有灵魂与内核的技能训练，无法达到促进人的全面发展的目的。

（2）协同性

从要素角度看，体育与健康课程要培养的核心素养各要素都是构成课程核心素养的实体部分。所谓实体部分，即不是"可有可无"，而是一定要有的部分。其中，运动能力是体育与健康课程要培养的核心素养三要素关系发生、形成的逻辑起点。其一，学生的发展需要触发了体育与健康课程要培养的核心素养的发生。其二，运动能力的发生又不断驱动健康行为和体育品德的发生，三者相互协同发生作用。从实践的角度看，培养体育与健康课程要培养的核心素养，并非仅仅依靠学校体育就能实现，更不是体育教师一人能为，而是需要家庭、学校、社会协同开展。

（3）建构性

所谓建构性，即强调体育与健康课程要培养的核心素养三要素的动态性是在学生个体的需求与社会需求的矛盾运动中产生与发展的。体育与健康课程的最终目标是促进个体与社会的双重发展。在个体与社会不间断的矛盾运动中，个体的发展与社会的发展并不是同步的。体育与健康课程要培养的核心素养实际上发挥的是"黏合剂"和"润滑剂"的作用，即将个体的体育发展与社会的发展紧密结合起来促进个体和社会的共同发展，以及将社会发展的要求（包括国家意识形态）通过体育与健康课程有效传递给学生，让学生依照社会的要求和标准来确定个体的体育发展目标和标准。

（4）多元性

体育与健康课程要培养的核心素养遵循"以人为本""以生为本"的理念，强调将学生的主体需求作为第一考量因素。学生的发展需求是体育与健康课程要培养的学生核心素养发生、形成的逻辑起点，呈现多元性的特征。首先，学生的发展需求是不断发展变化的，体育与健康课程要培养的核心素养所要面对的学生和所要解决的问题不是固定不变的，而是不断变化的，呈现出问题境遇的多元性；其次，学生的个体存在是丰富多样的，每个学生在体质、能

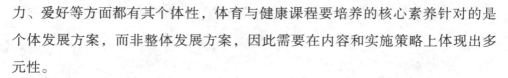

力、爱好等方面都有其个体性，体育与健康课程要培养的核心素养针对的是个体发展方案，而非整体发展方案，因此需要在内容和实施策略上体现出多元性。

3. 体育与健康课程要培养的核心素养的核心要素

《义务教育体育与健康课程标准（2022年版）》规定体育与健康课程要培养的核心素养包括以下三个：

（1）运动能力

《义务教育体育与健康课程标准（2022年版）》指出："运动能力是指学生在参与体育运动过程中所表现出来的综合能力。运动能力包括体能状况、运动认知与技战术运用、体育展示或比赛三个维度，主要体现在基本运动技能、体能、专项运动技能的掌握与运用。"

运动能力是体育与健康课程要培养的核心素养的支点要素。所谓支点要素，就是该要素可以反映出体育与健康课程要培养的核心素养的本质规律，反映出体育与健康课程相对于其他课程在课程内容和目标方面的唯一性。也就是说，除了加强基本的运动技能，如提升走、跑、跳、投、爬、翻等，以及一般体能外，还要加强学校体育在专项体能、战术运用等方面的作用，如提高篮球、足球、排球等用于日常锻炼或比赛的专项运动技能，基本实现青少年熟练掌握1~2项以上运动技能，确保学生校内外每天各1小时的体育锻炼。

（2）健康行为

体育与健康课程要培养的核心素养要求树立"健康第一"的教育理念，以增进学生的身心健康为课程目标，增加学生的健康知识，培养学生的健康行为。学生健康行为的形成受多种因素的影响，不仅需要学生养成良好的体育锻炼习惯，还要学生懂得健康教育的知识和技能。要重视健康教育的教学，促使体育与健康有机结合，深入开展爱国卫生运动。这也是贯彻推进《"健康中国2030"规划纲要》中提出的实现"国家学生体质健康标准达标优秀率25％以上"的现实要求。

（3）体育品德

体育与健康课程要培养的核心素养遵循新时代"大思政"教育发展全局战略，特别强调通过体育锤炼学生的精神意志和促进学生社会化发展。这是体育与健康课程具有的其他课程难以替代的特征。

三、注重"教会、勤练、常赛"系统化实施

《义务教育体育与健康课程标准（2022年版）》中明确提出了"教会、勤练、常赛"的新要求，那么，"教会、勤练、常赛"的具体要求有哪些、它的提出有何意义和价值、如何对其理解和把握、如何将其贯彻落实等一系列问题都值得深入解析与探讨。

（一）《义务教育体育与健康课程标准（2022年版）》对"教会、勤练、常赛"提出的新要求

《义务教育体育与健康课程标准（2022年版）》明确告诉我们，要引导学生养成运动习惯，努力组织好"教会、勤练、常赛"是关键。另外，强调要落实"教会、勤练、常赛"、学生每天"校内锻炼1小时、校外锻炼1小时"的要求，加强课内教学与课外体育活动，重视学校、家庭和社区的体育活动有机结合。教学要求是课堂教学中需要遵循的具体组织方式或有效措施，以上几点说明，"教会、勤练、常赛"并不局限于在课堂上组织实施，也要注重在课内外和校内外的各项体育活动中贯彻落实。

（二）强调"教会、勤练、常赛"的意义和价值

《义务教育体育与健康课程标准（2022年版）》两次强调"教会、勤练、常赛"，一方面说明系统化有效组织课堂教学和课外锻炼的迫切性；另一方面说明深化体育课程改革更加注重教的结果而不是教的形式，更加注重练的数量与质量，更加注重使比赛成为常态的必要性。

1. 强调"教会、勤练、常赛"的意义

强调"教会、勤练、常赛"的意义主要体现在三个方面。一是打造高质量课堂，教师会更有抓手。过去的课堂教学存在以下现象和问题：虽然教了，但

部分内容学生没有学会，没有质量可言；虽然课堂上组织学生练习，但练的量不充足，质不到位，练的效果并不能得到体现；体育课堂上虽然偶尔有比赛，但很多仅仅是游戏性比赛，比赛本身所具有的功能价值不能得到很好的发挥。

"教会、勤练、常赛"的展开除能让学生更好地掌握运动知识及运动技能外，还可以从其他层面对体育教育质量的发展作出贡献。二是对好课的评判标准会有更清晰精准的把握。究竟什么是好课，不同群体可能有不同的判断视角，不同的发展阶段也会有不同的判断依据，但当强调"教会、勤练、常赛"以后，好的课堂一定要能够体现相应的系统化组织，进而具体通过学生的"学、练、赛"活动参加情况和效果作为评判好课的重要指标。三是既能够更好地通过课内外、校内外一体化开展学、练、赛活动，充分体现其一致性，又能发挥弥补和促进作用。"教会、勤练、常赛"因课内外、校内外的合理、有效组织，能够促进大课程观下的体育教育高质量发展。

2. 强调"教会、勤练、常赛"的价值

强调"教会、勤练、常赛"具有重要的价值。一是能够让教师更加注重体育与健康课程实施的整体性。只有"教会、勤练、常赛"整体推进，不单独强调某一个方面，才能实现综合育人的目的。与此同时，体育教师的站位会更高，视野也会更广，从而避免仅仅盯着某个单一技术的教学而忽视了整体教学的情况。二是能够使学生更加积极地参与体育、热爱体育。与让学生学习运动技能相比，激发学生的兴趣是更难的，让学生享受到学习的乐趣也是很难的，当能够把学生"教会"，学生就会比较有成就感，更加乐于参与到学习中，乃至对后续的练与赛也能积极主动地参与。能够把学生"教会"，对学生运动习惯的养成也有很大的促进作用。如果能够确保学生练习的质与量，那么促进学生体质健康、锤炼学生意志的目标也就更容易实现。如果让每一个学生都有机会参与比赛，体育精神的塑造尤其是健全人格的培养，也将更加容易实现。

（三）"教会、勤练、常赛"的特征与内容

教会，其特点是达到灵活自如地运用。遵循体育教育规律，采用循序渐进、因材施教、分层教学的方式，教会学生体育与健康（包括安全）知识、基本运动技能、专项运动技能、体能锻炼方法，为健康而幸福的人生奠基，为运动竞赛护航。教会有利于促进勤练、常赛。

勤练，其特点是养成了锻炼的习惯。把握运动技能形成规律，体育课将一半以上时间用于学生练习，合理安排练习密度，科学定位运动强度。课外开展丰富多样的大课间、课外活动，弥补课上练习之不足，校外保质保量完成家庭体育锻炼，弥补校内练习之不足。

常赛，其特点是参与比赛常态化。学校依据学生争强好胜、乐于表现等心理特点，充分满足学生运动需求。经常组织开展比赛活动，做到教学比赛课课有，课外周周、月月、季季、年年组织比赛。课堂上比赛的内容可以是单个技术，可以是组合技能，可以是半场或全场友谊赛；课外组织的比赛可以是单项的正式竞技比赛，也可以是选拔赛、争霸赛，还可以是组织趣味性的全员比赛等。

四、突出专项运动技能按学段实施选项教学

专项运动技能是《义务教育体育与健康课程标准（2022年版）》的重要内容，是可以有自主选择性学习的课程内容。考虑到体育与健康课程内容的庞杂性，为更好地确立体育与健康课程内容的选择原则，解决2011年版课标在课程内容方面存在的刚性不足问题，《义务教育体育与健康课程标准（2022年版）》在专项技能上突出了按学段实施选项教学的创新实践方式，让学生在每个类别中都要根据选择项目来学习，以实现学生对运动项目的全面理解，落实体育与健康课程的系统实施和高质量教学。

（一）《义务教育体育与健康课程标准（2022年版）》对按学段实施选项教学提出的新要求

《义务教育体育与健康课程标准（2022年版）》明确了专项运动技能是水平二至水平三的课程内容，并在课程实施中就选项教学按学段实施给予了具体的指导和建议。

《义务教育体育与健康课程标准（2022年版）》在教学建议中就如何紧扣学生核心素养，明确课程育人意识，关注课程育人成效，根据不同水平学生

的实际，制定明确的体育与健康课程学习目标，给出了灵活和具体的按学段实施选项教学的教学计划编制指导。《义务教育体育与健康课程标准（2022年版）》要求学校从三年级开始按学段实施选项教学，根据学生的运动兴趣和运动需求进行专项运动技能的选择。学校可以根据学生多样化的兴趣和学校的实际情况开展选项教学，进行18课时及以上的相对系统和完整的大单元教学，以增强课程实施的适宜性与有效性，并逐步做到课内外有机结合，家庭、学校、社区多元联动。鼓励教师运用多样资源和方法，进行有效的和创新性的教学设计，对学生在真实情境中解决问题的能力进行整体性预设、发展和评价，以促进学生核心素养的形成。

（二）强调按学段实施选项教学的意义和价值

1. 对全面发展的人的整体关注，尽显教育的人性化

2016年，《中国学生发展核心素养》提出了"全面发展的人"的必备品格和关键能力。《义务教育体育与健康课程标准（2022年版）》中按学段实施选项教学从系统论的"整体原理"出发，解决人的整体性发展问题，跳出部分相加等于整体的认识误区，体现了对学生核心素养的落实要求，体现了《义务教育体育与健康课程标准（2022年版）》课标开始转向对人的整体性的关注。

2. 对学生个体学习差异的关注，彰显教育的个性化

按学段实施选项教学让学生能从自己的兴趣爱好出发进行体育学习，体现了"生本教育"理念，这保证学生能够最大限度地基于自己的爱好去学习，保证学生的基本学习兴趣和学习效果最大化。选项教学真正实现了"因材施教"，打破了自然班级的限制，避免了大一统的项目设置中容易产生的"优生吃不饱，差生吃不消"、多数学生学习没有主动性的局面。选项教学也体现了"分层教学"等教育理念，教师"针对不同身体条件、运动基础和兴趣爱好的学生因材施教；提出不同的学习目标，选择适宜的教学内容，采用多样的教学方法与学习评价方式，为学生创造公平的学习机会"，最大限度地保障教育的质量、效益，保证每一位学生受益。

3. 对学生终身体育能力的关注，凸显教育的科学化

按学段实施选项教学避免了教学低级重复、蜻蜓点水，在不同年级之间不能有效衔接的问题。按学段实施选项教学强调了课程教学要遵循学生身体、心理、情感、动作以及脑认知的普遍规律，照顾全体学生的阶段性特征，是对全体学生进行体育与健康深度学习、构建终身体育能力的关照。不同类别的"选项教学"又促使学生全面理解不同的运动休闲方式，并通过在各种真实的体育活动环境中战略性地应用技能和概念，加深理解并丰富能力，如自信地选择个人和团队项目学习，形成良好的自我效能感，培养成熟的表现，增强参与特定体育活动的体验，提高在体育活动中的应用性学习。"大单元教学"强调在真实的体育活动环境中培养学生的应用能力，对学生以后学习和参与有组织的竞争性体育活动起到促进作用，使学生在积极、健康的生活方式中提升可持续发展能力，从而享受终身体育带来的增值效益。

（三）按学段实施选项教学的内涵与特征

按学段实施选项教学体现了体育与健康课程教学的针对性、广度和深度等方面的内涵，凸显了高质量体育与健康课程教学的立体维度，突出了义务教育阶段体育与健康课程的包容性、系统性、立体性和多元性等育人特征。

1. 按学段实施选项教学的内涵

《义务教育体育与健康课程标准（2022年版）》中要求的按学段实施选项教学，主要体现出三个方面的内涵：

（1）按学段实施

在实施推进上，根据学段的情况来进行具体操作，考虑了不同学段学生的生理特点、心理特点、脑认知特点、情感特点和动作发展特点的教学侧重，有利于区别各学段的学情，有针对性地解决各学段学生的具体学习问题，做到因材施教。

（2）选项教学

《义务教育体育与健康课程标准（2022年版）》要求的选项教学与以往的行政班教学不同。选项走班制是指组织形式上每学期按照学生选择的一个运动项目进行走班教学，但是《义务教育体育与健康课程标准（2022年版）》要求的选项教学需要3～6年级学生在六大类专项运动技能中各选择至少1个运动项目，这就意味着学生的选项不是选择1个项目，而是至少要选择6个项目；7～8年级学生在四大类专项运动技能（必须包含中华传统体育类运动项目）中各选择至少1个运动项目学习，这就意味着学生至少要选择4个项目。

（3）大单元教学

"单元"指向的是根据学生学习规律和学科逻辑体系建构的最小的学科知识教学单位。从时间上看，大单元教学需要18课时及以上的相对系统完整性的教学，或以一学期或一学年为周期；从内容上看，大单元教学需要对学科教学单元内容进行整体设计和系统开发；从实施上看，大单元教学经常以项目、主题任务、活动等方式进行。可以将大单元教学理解为大主题、大任务的长时活动教学，可以通过跨学科、综合性的"大单元"形式呈现，以某种活动为中心，根据学生的需要、兴趣，将学习内容组织成有系统、互相联系的若干单元，教给学生生活的基本知识（包括学科知识）。《义务教育体育与健康课程标准（2022年版）》明确要求义务教育阶段的体育与健康课程大单元教学应在18课时及以上。

2. 按学段实施选项教学的特征

（1）关注个体需求与全体受益

从设置理念上，选项教学突出从以学定教的角度出发，既关注不同学生的运动兴趣差异、运动项目的学习需求，又照顾全体学生的基础，避免了选项走班制项目单一带来的能力单一问题，努力使每一位学生受益。

（2）结合刚性要求与弹性设置

从内容安排上，选项教学既解决了大纲时代的教学内容大一统、缺少灵活性的问题，又解决了2011年版课标中教学内容要求不足的问题。从内容的选择权来看，选项改变了以往由学校和教师来决定教什么项目的状况，学生开始拥有必要的学习内容自主选择权。

（3）兼顾深度学习与全面发展

通过不同领域的学习，学生可以避免偏科、"短腿"的问题，符合义务教育阶段对学生全面发展的总体要求；通过教师的精心规划，学生能有丰富的学习体验，能在真实环境中应用技能和知识，避免学生对所学知识浅尝辄止的问题，符合新时代对学生深度学习的能力培养要求。

五、注重各学段健康教育独立专题教学

《义务教育体育与健康课程标准（2022年版）》明确了体育与健康是落实健康教育的主要课程，并在教学建议中提出："学校必须保证规定课时的健康教育，加强健康教育知识与学生生活的联系，引导学生把所学的健康知识与技能运用到体育锻炼、学习和生活中，逐渐形成健康文明的生活方式。"

（一）《义务教育体育与健康课程标准（2022年版）》对健康教育提出的新要求

《义务教育体育与健康课程标准（2022年版）》在课程性质、课程理念、核心素养内涵、课程总目标、课程内容、课程实施六个方面对"健康教育"提出了新要求。

一是在课程性质方面，以发展学生核心素养和增进学生身心健康为主要目的，促进学生养成健康生活方式，提升国民综合素质，推动社会文明进步，建设健康中国。二是在课程理念方面，坚持"健康第一"的教育理念，重视育体与育心、体育与健康教育相融合，引导学生形成健康和安全的意识以及良好的生活方式，促进学生身心健康成长。三是在核心素养内涵方面，把健康行为纳入体育与健康课程要培养的核心素养，明确了健康行为的四个维度和主要内容。四是在课程总目标方面，把"学会运用健康与安全的知识和技能，形成健康的生活方式"等纳入课程总目标。五是在课程内容方面，确立了健康教育包括健康行为与生活方式、生长发育与青春期保健、心理健康、疾病预防与突发公共卫生事件应对、安全应急与避险五个领域，主要帮助学生逐步养成健康安全的行为习惯和生活态度。六是在课程实施方面，要求学校必须保证规定课时

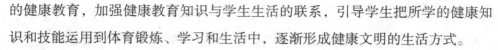

的健康教育，加强健康教育知识与学生生活的联系，引导学生把所学的健康知识和技能运用到体育锻炼、学习和生活中，逐渐形成健康文明的生活方式。

（二）强调健康教育的意义和价值

义务教育阶段的学生正值人生童年中期发育与巩固阶段（5～9岁）和青春期生长发育高峰阶段（10～14岁）。5～9岁处于童年中期，感染和营养不良对其生长发育将产生抑制作用；10～14岁处于青春期生长发育高峰阶段，身体质量迅速增加，生理、心理和行为都发生着显著变化。保证处于这两个阶段的儿童的身心健康发展，对提升国民综合素质，建设健康中国具有重要意义。

（三）健康教育的内涵、特征与内容梳理

健康教育是一种以健康为核心的教育，是连接健康知识和健康实践的桥梁。世界卫生组织（World Health Organization，WHO）指出，健康教育的目标就是劝说人们采取和保持健康的生活方式，明智地选择现有的卫生服务和制定个人或集体健康决策，从而改善自身的健康状况和生活环境。事实上，健康教育就是要通过健康知识和技能的传授，促进人们提高个体健康素养，进而有效维护和改善自身健康状况。

《义务教育体育与健康课程标准（2022年版）》要求健康教育有以下特征：第一，注重健康教育的实用性和实效性，将健康教育教学理论讲授、交流互动与实践应用相结合，以体验式和活动式教学为主，学以致用，提高学生解决体育与健康实际问题的综合能力。第二，坚持知识与技能传授并重、与学生生活实际相结合，并呈螺旋式递进，坚持知识与技能传授、意识建立和行为养成相统一。第三，教学过程中做到突出重点、循序渐进，挖掘与学生日常生活密切相关的健康教育内容，激发学生的学习热情，引导与帮助学生理解和掌握健康知识与技能，形成健康意识，养成健康行为和良好的生活方式，促进学生身心健康。

《义务教育体育与健康课程标准（2022年版）》将健康教育划分为五个领域，根据学生身心发展规律整体设计了健康教育水平一到水平三的内容要求、学业要求、教学提示。水平一至水平三侧重基础的卫生习惯、营养膳食、合理作息、视力保护、安全意识等内容的学习，帮助学生逐步养成健康与安全的行为习惯。健康教育内容要求、学业要求、教学提示的提出为教师开展健康教育课堂教学和教材编写工作提供了内容依据和教学参考，为促进学生核心素养的形成和课程目标的达成提供了基本内容与方法。

六、要求学业质量突出综合评价

2022年版课标相较于2011年版课标，第一次提出了"学业质量"的概念，将"学业质量"作为评价学校体育与健康课程目标达成度的重要标准，呈现了2022年版课标对评价要求的新变化。

（一）《义务教育体育与健康课程标准（2022年版）》对学业质量提出的新要求

关于学业质量合格标准，《义务教育体育与健康课程标准（2022年版）》从基本运动技能、体能、健康教育、专项运动技能四个方面描述了不同水平的具体表现。包括水平一的基本运动技能学业质量合格标准，水平二至水平三的体能学业质量合格标准，水平一至水平三的健康教育学业质量合格标准，以及包含球类运动、田径类运动、体操类运动、水上或冰雪类运动、中华传统体育类运动、新兴体育类运动六大类别的水平二至水平三的专项运动技能学业质量合格标准。

（二）强调学业质量合格标准的意义和价值

科学的学业质量合格标准是实施有效学业质量的评价和保障课程教学质量的基础。《义务教育体育与健康课程标准（2022年版）》学业质量合格标准的制定正是回应了国家对教育改革的应然要求。

新一轮的体育与健康课程标准的改革核心点之一就在于学业质量合格标准的研制和对学业质量的评价。强调学业质量合格标准制定与评价有其重要的意义和价值。学业质量合格标准的制定有助于明确学生在不同学习水平所应达到的学业成就表现，对课程目标的达成情况进行评价；引导教师的教与学生的学，为教师改进教学提供依据，促进学生核心素养的形成；有利于国家教育行政部门监测各地各校学生学业质量，督导和评估学校教育质量，规范办学方向，加强对课程教学质量的管理。在"学"上，学业质量合格标准制定与评价有助于学生更好地了解自身学业水平，培养自主学习能力，促进核心素养的形成；在"教"上，有助于教师更好地了解学生学习情况，精准把握教学进度和尺度，提高教学有效性；在"管理"上，学业质量合格标准制定与评价有助于教育行政部门更好地把握各级各类学校学生学业质量水平，监督评估和优化课程教学质量，规范和指导学校教育办学方向。

（三）学业质量的内涵、合格标准的特征与评价内容梳理

1. 学业质量的内涵

学业质量不同于以往的教学质量，对体育与健康课程学习的评价围绕学生学业质量，通过系统收集学生的课内体育学习态度与表现、课外体育锻炼情况与成效、健康行为等信息，依据学业质量标准对所反映的核心素养水平及学生体育与健康课程学习情况进行判断和评估，是不断完善课程建设的重要环节和途径。学业质量合格标准的制定为学业质量的评价提供了标准和依据，而对学业质量的评价能够具体检验学业质量的落实。

2. 学业质量合格标准的特征

新课标的学业质量合格标准的建立有以下三个特征：立足课程目标，以明晰的学习评价目标为依据；围绕核心素养，以综合性的评价内容为导向；凸显学生中心，以多元的评价主体和评价方式为参照。

（1）立足课程目标，以明晰的学习评价目标为依据

《义务教育体育与健康课程标准（2022年版）》学业质量合格标准围绕体育与健康课程总目标，对学业质量的评价指明了方向。只有学业质量合格标准具备明确清晰的目标，才能保证评价设计的合理性和科学性；只有教师对学生提出清晰明确的学习评价目标，才能对学生起到正确的导向和激励作用。《义务教育体育与健康课程标准（2022年版）》学业质量合格标准正是基于义务教育体育与健康课程总目标来制定的。

（2）围绕核心素养，以综合性的评价内容为导向

体育与健康课程明确提出了包括运动能力、健康行为和体育品德三个方面的核心素养内容。学业质量合格标准的制定和对其进行的评价的目的正是围绕核心素养，结合具体教学内容，评价学生运动发展水平。在学生运动能力发展中，观察和评判学生基本运动技能、体能、专项运动技能等掌握程度以及学生在展示或比赛中的表现等；在学生健康行为形成中，注重评估学生体育锻炼情况、对健康重要性的理解程度、对所学的健康知识与方法的掌握程度、正确运用所学的健康知识与技能解决生活中实际问题的能力以及健康的行为与习惯的养成等；在学生体育品德的养成中，关注学生在体育与健康学习中表现出的体育精神、体育道德和体育品格。

（3）凸显学生中心，以多元的评价主体和评价方式为参照

体育与健康课程学业质量的评价以学生、教师、家长等多元主体为参照，将定量评价与定性评价、相对性评价与绝对性评价、过程性评价与终结性评价相结合。既关注学生体能与运动技能的终结性评价，又关注学生学习态度和进步情况；既关注对健康基础知识和基本技能的考核，又关注对健康意识和行为表现的评价；既强调对学生的"学、练、赛"的评价，又强调对学生在展示或比赛过程中表现出来的体育精神、体育道德、体育品格的评价；既重视体育教师和学生的评价，又发挥家长、班主任等多评价主体的作用；既实行教师等外部主体的评价，又强调并实行学生在教师指导下的自我评价。

3. 学业质量的评价内容梳理

学业质量的评价以运动能力、健康行为和体育品德这些核心素养为主要评价维度，以基本运动技能、体能、健康教育、专项运动技能和跨学科主题学习为主要评价内容，以水平一至水平三不同水平为主要评价等级。

（1）以要培养的核心素养为标准确立评价维度

学业质量的评价维度聚焦于核心素养要培养的三个方面——运动能力、健康行为和体育品德，评价学生通过体育与健康课程学习而逐步形成的正确的价值观、必备品格和关键能力。《义务教育体育与健康课程标准（2022年版）》

在学业质量的评价方面始终围绕核心素养，在合格标准制定中体现了对不同水平和不同项目的运动能力、健康行为和体育品德的不同要求。以运动能力为例，学业质量的评价维度基于运动能力的要求，明确规定了各运动水平需达到的体能状况、运动认知与技战术运用、体育展示或比赛三个方面的标准。

（2）以五类课程内容为主体设置评价体系

体育与健康课程以核心素养为导向，围绕课程目标设置了五类课程内容，即基本运动技能、体能、健康教育、专项运动技能和跨学科主题学习。学业质量的评价基于新课程内容分别描述了基本运动技能、体能、健康教育、专项运动技能等的学业质量合格标准。对于专项运动技能中球类运动、田径类运动、体操类运动、水上或冰雪类运动、中华传统体育类运动和新兴体育类运动六大类型，《义务教育体育与健康课程标准（2022年版）》具体详细地规定了学业质量合格水平的评价标准。

（3）以不同学业水平为依据制定评价等级

体育与健康课程依据不同水平学业成就表现的关键特征，将学业质量划分为不同水平，并描述了不同水平的具体表现。义务教育小学阶段学业质量等级主要包括水平一至水平三三个等级（由于本书主要针对新课标体育与健康小学阶段的内容进行解读，故当后文出现对各水平对比和解读时，将不会涉及水平四的内容）。每个水平分别对应一个学业质量合格标准的评价，下一个水平都是建立在前一个水平上的发展和提高。如体能的学业质量合格标准包括了三个评价水平等级——水平一至水平三，课程标准对每个水平对体能需要达到的学业质量合格标准分别进行了描述。

以要培养的核心素养为标准、以五类课程内容为主体、以不同学业水平为依据建构的义务教育体育与健康课程学业质量合格标准和评价内容，不仅全面体现了前文所论述的《义务教育体育与健康课程标准（2022年版）》课程目标和课程理念，也为科学有效推进义务教育学业质量的评价提供了保障和依据。

（四）贯彻落实学业质量合格标准的策略

学业质量合格标准是对学生学业成就表现的整体刻画，应建立健全体育与健康学业质量的评价体系，以切实推进学校体育教育教学的改革。

1. 从"知、能、行、健"确定学业质量的评价内容

学业质量的评价内容是学业质量评价的根本与核心。体育与健康课程学习的学段目标可通过"知、能、行、健"四个维度综合体现，这也是体育与健康课程要培养的核心素养的细化和具体呈现。"知、能、行、健"四个维度体现了结构化的学业质量的评价方向，包括了对学生体育与健康知识的理解和把握的考查，对运动技能灵活而准确地运用的运动能力的测评，以及对学习锻炼表现行为及健康促进行为与体质健康状况的考评，力图解决以往的评价体系中单纯评价知识、技术或方法的顽疾。系统而全面地设置体育与健康学业质量结构化的评价内容，能够真正把握学生学习的效果，明确指向全面育人。

2. 从"优、良、中、弱"建构学业质量的评价等级

体育与健康学业质量的评价结果在同一水平的评价中可加入适宜的等级区分，而非单一的达标性测试。一方面，学生的体育学习具有一定的差异性，不仅学习过程的表现不同，而且学习结果差异也客观存在；另一方面，评价要发挥一定的激励作用，按等级区分能够激发学生学习提高的驱动力，还能培养学生拼搏进取、积极向上等良好品格。在同一水平的评价过程中建议再划分为"优、良、中、弱"四个等级，不仅对学生的体育与健康学业质量水平有一个层次上的区分，有利于学校和教师充分了解体育与健康教育教学质量，促进更有针对性的体育教育教学过程的优化，而且还将过去通常使用的"差"的等级表达方式调整为用"弱"来表达，更容易让学生接受，进而鼓励学生继续努力。

3. 从"学、练、赛、评"优化学业质量提升方案

体育与健康学业质量的评价并非最终目的，其最终目的在于通过评价提升体育与健康学业质量。就"学"而言，要"学懂、学准、学乐、学会"。"学懂"意味着懂得是什么、为什么，"学准"意味着学习内容要正确无误，"学乐"意味着学习要能够让学生乐在其中，"学会"意味着要掌握学习的方法。就"练"而言，要"多练、勤练、会练"。"多练"是指每次练习都保持有一定的"量"的积累，"勤练"指养成锻炼的习惯，"会练"意味着掌握练习的方法。就"赛"而言，要"常赛、乐赛、会赛"。"常赛"是指比赛要达到常态化，"乐赛"是指比赛的组织方式要让学生享受乐趣，"会赛"是指比赛的方法要明确。就"评"而言，要"有评、能评、会评"。"有评"是指体育教学活动中适当通过评价及时发现问题，"能评"是指要有评价标准，"会评"是指要掌握评价的方法。最终，通过"学、练、赛、评"形成一个促进体育与健康学业质量提升的系统方案。

第二节　基本运动技能和体能内容解读

基本运动技能是人体动作协调的基础，是个体参与体育运动的"动作技能库"。体能是人体各器官系统机能在体育活动和运动过程中表现出的力量、速度、耐力、柔韧性、灵敏性等各种运动能力。根据学生的身心发展规律和运动技能形成规律，基于核心素养发展要求，《义务教育体育与健康课程标准（2022年版）》针对基本运动技能和体能提出了不同水平的内容要求、学业要求和教学提示。

一、基本运动技能和体能概述

运动能力主要体现于基本运动技能、体能、专项运动技能的掌握与运用。《义务教育体育与健康课程标准（2022年版）》在水平一设置了基本运动技能，从水平二开始设置体能和专项运动技能、并强调基本运动技能是体能和专项运动技能学练的基础。什么是基本运动技能、为什么体能要从水平二开始设置、各基本运动技能和体能对学生的身心发展具有怎样的作用、相互之间又是怎样的逻辑关系等，这一系列问题都将成为广大体育教育工作者的疑虑或困惑。下文将主要围绕这些问题展开细致分析。

（一）基本运动技能

1.基本运动技能的内涵及发展概况

基本运动技能是个体在体育活动中完成基本运动动作的能力，是个体发展高阶动作和学练专项运动技能的基础。基本运动技能由基本动作技能发展而来，基本动作技能体现为跑、跳（向前或向上）、投掷（如单手上手投掷）等人体最基础、最简单的动作技能表现，注重动作完成的质量与规范，常用于表述学龄前儿童动作学习与发展。随着儿童年龄的增长，尤其是小学低年龄阶段，儿童基本动作技能日趋成熟，逐渐向更为综合、复杂的组合与应用过渡，对肢体协调和动作精准的要求更高，儿童从而进入基本运动技能发展阶段。

进入21世纪以来，随着社会生活方式的不断改变，人们的身体活动水平大幅下降，运动量逐渐减少，全球儿童青少年的健康水平令人担忧。基于此，国外学者开始聚焦个体基本运动技能的形成、发展及其与体育运动项目的关系研究，基本运动技能也被正式引入儿童青少年身体活动与健康促进研究领域。

近年来，我国儿童肥胖率持续升高，儿童青少年的健康状况成为备受关注的社会问题。动作发展作为影响儿童青少年运动能力的重要因素也引起了党和国家的重视。教育部2012年印发的《3～6岁儿童学习与发展指南》将动作发展作为幼儿健康领域的学习内容，并对小中大班幼儿的动作发展提出了具体要求。《义务教育体育与健康课程标准（2011年版）》也指出，应在小学阶段发展学生的基本运动能力，并强调水平一和水平二的儿童应能够做出基本身体活动动作、项目类活动的基本动作等。在幼儿园阶段和小学阶段应重视儿童基本运动技能的有效发展及合理衔接。

《义务教育体育与健康课程标准（2022年版）》根据学生的身心发展规律、运动技能形成规律和体育学习规律，将基本运动技能作为课程内容之一，并针对水平一目标专门提出了基本运动技能的内容要求、学业要求和教学提示，以利于小学生完成基本动作技能向基本运动技能的发展与过渡，实现人体动作发展的纵向衔接，进而改善我国儿童青少年动作发展广泛延迟、身体活动不足、肥胖等非传染性健康问题的低龄化现象。

2. 基本运动技能的分类及主要特点

（1）基本运动技能的分类

基本运动技能存在着二分法和三分法等不同分类方式，《义务教育体育与健康课程标准（2022年版）》坚持国际惯用的三分法分类方式，指出："基本运动技能包括移动性技能、非移动性技能和操控性技能，主要发展学生的身体活动能力，为学生发展体能和学练专项运动技能奠定良好基础。"其中，移动性技能又称为位移技能，主要包括不同形式的走、跑、跳等发生位置移动的技能；非移动性技能又称为稳定性技能，以脊柱稳定为特征，是个体在完成动作过程中为维持身体平稳的身体控制能力，以平衡、旋转、扭动、屈伸等动作技能为主；操控性技能则是个体用身体的不同部位操控物体的能力，如抓、握、抛、接、拍、踢、击打、投掷物体等动作技能。需要注意的是，基本运动技能虽然由三种不同的动作技能构成，但在基本运动技能学练过程中，三种动作技能并非孤立存在，而是各有侧重，并互为支撑，合力达成某一动作技能的发展。

（2）基本运动技能的主要特点

第一，基础性与非自发性。基本运动技能作为"动作库"，不仅对促进个体生活、娱乐、健身等所需的技体参与和协调配合具有重要作用，而且是发展专项运动技能的基础。然而，基本运动技能作为个体生存、生活、学习、工作等所必备的基本能力，往往因"长大就会"的认知偏颇而被认为随着年龄增长会自然习得，但实际情况并非如此。家庭、学校、社会等环境并不能自发、全面地促进儿童基本运动技能的形成和发展，基本运动技能也不会随着年龄增长和身体发育而自然形成。综合而言，基本运动技能的形成与发展具有"后天习得"的特点，必须经过科学、系统的专门学练与指导才能满足人们未来发展的需要。

第二，阶段性与敏感性。基本运动技能的发展存在明显的阶段性，具体表现为每一类动作的发展都需经历起始、初级和熟练三个阶段。三个阶段逐级发展，并存在部分重叠。在起始阶段（2~3岁），儿童尝试表现出目标导向的基本动作技能，会展现出夸张或受限的动作，但其动作节奏感、协调性和时空整合能力较差。在初级阶段（3~5岁），儿童完成基本动作技能时的动作控制、节奏感和时空整合能力有所提升，但动作仍显夸张或受限。在熟练阶段（5~6岁），儿童能表现出有效的、自控的、协调的运动技能，运动技能的表现（如远度、速度、数量和准确性等）逐渐提升，并能在运动或游戏活动中做到不同技能的组合叠加和熟练应用。儿童在7～8岁时逐渐向基本运动技能发展，在9～10岁时还会进入基本运动技能向专项动作技能发展的过渡阶段。同时，基本动作技能和基本运动技能的形成与发展都存在明显的敏感期，如果在敏感期内对个体施以正向刺激，就可以产生事半功倍的效果。相反，在这一时期内，如果忽视或淡化基本运动技能学练，将会影响甚至延缓或阻碍专项运动技能的形成与发展。

第三，递进性与衔接性。基本运动技能的发展是复杂多变且贯穿个体一生的长期过程，整体呈现出从低级到高级、从基础到综合的递进发展规律。学生的运动技能在进入新阶段之前，必须以前一阶段的运动技能为基础，并且不同阶段的运动技能之间要互相衔接、逐级递进。学生如果没有掌握关键的基本运动技能，将难以突破"动作熟练障碍期"的临界阈值，无法进入过渡性运动技能阶段，更无法进入专项运动技能阶段。合理有效地完成基本运动技能的衔接与递进是未来习得专项运动技能的基础。

3. 基本运动技能对培养学生核心素养的意义和价值

（1）对培养运动能力的意义和价值

基本运动技能是发展运动能力的重要基础。学练基本运动技能时，学生需要了解正确的身体姿势，体验各类移动性技能、非移动性技能、操控性技能的具体内容和练习方法，在运动过程中感受时空概念，理解方向、水平、路径、空间、节奏、力量和速度等运动概念，为进行更高水平的专项运动技能学练奠定基础。体育教师可以通过课堂中的展示或比赛等环节，引导学生充分表现或灵活运用所习得的基本运动技能，以检验学生的运动能力达成度。多样性、探索性的学习方式可以拓展基本运动技能学练途径，对促使学生不断学习新的基本运动技能、积累身体活动经验、丰富运动经历、萌发运动乐趣等具有重要意义。

（2）对培养健康行为的意义和价值

基本运动技能是学生将健康知识与技能从认知层面向生活实践不断转化的

载体。例如，游戏化学练基本运动技能，可以使水平一的学生体验基本运动技能带来的运动乐趣；感知身体各部位与他人配合时如何把控安全的时空距离，从而培养学生的时空意识和安全运动意识；思考操控器械时如何实现协调的视-动配合，不断发现知识与技能之间的内在联系，从而积极参与活动。此外，基本运动技能学练和游戏还可以引导学生反思自己与他人在体育课堂环境中的行为是否得当，在运动中努力做好安全方面的自我检查，与他人保持安全距离，调控自我情绪，提高对环境的感知与适应能力。

（3）对培育体育品德的意义和价值

水平一的学生正处于学前教育与小学教育的衔接期，基本运动技能学练应以游戏为主，注重在生动形象的情境设置和游戏参与中体现德育价值。《义务教育体育与健康课程标准（2022年版）》对水平一学生体育品德的要求主要体现在体育精神、体育道德和体育品格三个方面。在水平一阶段，学生面对问题时以形象思维为主，所以采用直观形象的学习方式培养学生的自尊、自信更为有效。学生在尝试各种活动的过程中逐步树立自信，然后去完成相对困难的任务，在不断解决困难的过程中获得成功经验，从而培养不怕困难、坚持到底的精神。同时，开展多种基于生活情境的基本运动技能学练和游戏，可以使学生不断体验和感受个人与他人、个人与环境的关系，培养学生相互鼓励、团结协作、友爱互助、遵守纪律、文明礼貌的体育品德。

（二）体能

1. 体能的内涵及分类

我国以往将体能理解为身体素质，即力量、速度、耐力、柔韧性、灵敏性等。身体素质是与运动技能有关的体能。20世纪90年代以来，我国医学界、体育学界逐渐吸收了英国、美国、日本等国家的体能内涵与划分方式，将体能划分为与健康有关的体能和与运动技能有关的体能。21世纪以来，随着体育学科的发展和人们健康理念的不断提升，体能的内涵逐渐延伸。《义务教育体育与健康课程标准（2022年版）》基于学生健康和身体发展需要，以体育基本理论为基础，将体能分为与健康有关的体能（如身体成分、心肺耐力、肌肉力量、肌肉耐力、柔韧性）和与运动技能有关的体能（如反应能力、位移速度、协调性、灵敏性、爆发力、平衡能力），旨在通过为不同年龄的学生提供适宜的体能练习，改造学生身体形态，提升学生身体机能，增进学生身心健康，促进学生身体全面协调发展。

2. 体能的主要特点

（1）具有明显的发展敏感期

体能发展敏感期是指每一种体能在儿童青少年有机体自然生长发育的基础上，在某些特定的年龄阶段发展较快，呈现出发展的最佳时期。例如，女孩儿在7～13岁时力量处于直线上升趋势，13岁后增长速度放缓，男孩儿在7～17岁时力量基本上处于直线上升趋势；7～14岁是儿童青少年速度增长敏感期，8～13岁是位移速度发展敏感期；耐力发展敏感期为男孩儿10～20岁，女孩儿9～18岁；儿童青少年柔韧性发展敏感期为5～12岁；灵敏性发展敏感期为6～13岁。教师应充分把握学生的体能发展敏感期，及时、高效地发展学生的体能。

（2）以身体练习为基础

体能发展主要是基于人体形态学特征，通过骨骼、关节、肌肉等组织的功能为人体活动奠定基础，是学生提高运动技能和技战术水平以及取得优异运动成绩的重要基础。《义务教育体育与健康课程标准（2022年版）》将义务教育阶段的体能内容明确规定为身体成分、心肺耐力、肌肉力量、肌肉耐力、柔韧性、反应能力、位移速度、协调性、灵敏性、爆发力、平衡能力，进一步细化了学生体能发展的基本方向和体能练习的具体内容与方法，突出了"体能发展包含多项身体能力"的特征。体育教师在安排体能内容时，要通过局部、整体或组合的方式进行各种身体练习内容的设计。

（3）以一般体能和专项体能为基本内容

根据体能在不同运动项目中的作用和效能，体能可以分为一般体能和专项体能。一般体能又称健康体能或健康体适能，是完成非专项技战术的身体能力；专项体能又称与竞技相关的体能，是完成专项技战术的身体能力。对于不同运动项目，一般体能和专项体能在不同阶段各自涵盖的内容有所不同。体育教师在设计体能学练内容时，应根据课程标准规定的体能目标和所学运动项目的特点，并与其他运动项目的练习紧密结合，引导学生进行多种形式的体能学练。

3. 体能对培养学生核心素养的意义和价值

（1）对培养运动能力的意义和价值

体能是运动能力的重要基础，学生进行体能学练对培养运动能力具有极为重要的意义和价值。一方面，运动能力是学生参与运动项目过程中表现出的体能状况、运动技能掌握与运用、运动认知与理解、体育展示或比赛等的综合能力，是运动参与者身体形态、素质、机能等因素在运动过程中的综合体现。学生经过心肺耐力、肌肉力量、位移速度、灵敏性、平衡能力等体能内容的学练，能进一步提高自身的运动技能水平、增强运动认知与理解等。另一方面，体能是评判运动能力的重要指示，良好的体能是身体活动和竞技运动的基础，运动能力的发展必须基于各项体能的良好发展。义务教育阶段的学生进行科学的体能学练，能有效促进各项相关体能共同发展，从而快速提高运动能力。体能作为促进学生运动能力发展的重要载体，对学生运动能力的提高具有不可替代的作用。

（2）对培养健康行为的意义和价值

体能学练有助于学生养成良好的运动习惯、形成健康的生活方式、控制体重、保持良好心态、树立安全意识、提高情绪控制能力等。科学的体能学练能提高学生心血管系统和呼吸系统的机能，增强骨骼、肌肉、肌腱和韧带等运动器官的功能，帮助学生保持良好的身体姿态和体形，改善中枢神经系统的机能，克服人体的生物惰性，促进新陈代谢等，对学生健康发展具有积极的促进作用，对学生适应自然环境和社会环境等具有重要价值和意义。

（3）对培养体育品德的意义和价值

形式多样的体能学练对培养学生的体育品德具有重要价值和意义。灵活多样的体能学练内容的组织、游戏、组合等可以促进学生各项身体能力的发展。例如，通过"小兔子赛跑""小熊搬家"等情境游戏发展学生位移速度、肌肉力量、协调性等体能的同时，游戏规则和游戏过程中的具体要求对促进学生规则意识与社会角色感的形成具有重要影响。同时，体能学练是人体器官与技能系统在结构和机能上的适应性再塑造过程，需要学生克服身体惰性，积极进取，团结协作，奋勇拼搏。体育教师应根据不同水平学生的身心发展规律，有目的地开展体能学练活动，培养学生的意志品质。

（三）基本运动技能、体能与专项运动技能的关系

1. 基本运动技能、体能和专项运动技能按序发展

基本运动技能、体能和专项运动技能贯穿个体生命的全过程，随着儿童青少年年龄的增长呈现出一定的时间发展序列特征，且具有明显的发展敏感期。儿童青少年身体发展模型纵向描述了个体从幼儿期到成年期的身体发展过程中基本运动技能、体能和专项运动技能的敏感期和窗口期。2～7岁是基本运动技能发展的重要时期，之后逐渐向专项运动技能发展过渡；从9岁开始人体进入体能发展的关键期，尤其表现在速度、灵敏性、协调性等方面，专项运动技能水平也开始迅速提升。由此可见，在儿童青少年身体发展的过程中，基本运动技能、体能和专项运动技能的发展重点存在一定的先后时序性。鉴于此，《义务教育体育与健康课程标准（2022年版）》强调小学1～2年级重点发展基本运动技能，从小学3年级开始设置体能和专项运动技能的学习内容。

2. 基本运动技能是体能和专项运动技能发展的基础

动作发展金字塔模型将人类动作发展划分为反射—反应阶段、基本运动技能阶段、过渡性运动技能阶段和专项运动技能阶段，每一个阶段的动作发展都是在前一个阶段的基础上进行的。基本运动技能是专项运动技能习得和体能发展的基础。

3. 体能是基本运动技能向专项运动技能过渡的重要推动力

基本运动技能向专项运动技能的过渡与发展并非一帆风顺，而是需要突破一个"动作熟练障碍期"。在这个障碍期，基本运动技能已趋于成熟，动作发展趋于平稳，学生仅凭一己之力很难突破现有瓶颈。此时，体能的发展呈现上行之势，尤其是肌肉力量、位移速度、协调性、灵敏性等开始进入突增期，从而有效助推基本运动技能向专项运动技能的过渡与发展。

4. 专项运动技能是基本运动技能和体能发展的高级阶段

专项运动技能的学练促进了基本运动技能和体能的终身运用。基于动作发展金字塔模型升级演化而形成的"时钟沙漏模型"，形象直观地阐述了人类动作发展的变化。该模型显示，个体动作发展整体呈现"由多到少"的趋势，沙漏最细窄处意味着个体的动作技能实现了"由多样到单一"的聚焦性发展。当个体基于良好的基本运动技能和体能熟练掌握了专项运动技能之后，可突破沙漏细窄处，随之而来的便是范围逐渐扩大的动作发展终身运用阶段——包括生活运用、娱乐运用和竞赛运用。

此外，基本运动技能、体能、专项运动技能的关系还可以理解为高楼大厦的地基与楼体结构的关系。坚实的楼体结构架构出高大的楼宇，而楼体结构又要以前期构筑的地基作为根本支撑。良好的专项运动技能需要体能作为基础，而体能又必须基于基本运动技能而逐步发展。《义务教育体育与健康课程标准（2022年版）》将基本运动技能作为水平一学生运动参与的基本内容，从水平二开始向简单的体能过渡，直到基本运动技能得以完善、成熟，而后各个水平对体能和专项运动技能的发展逐渐提高要求。

二、基本运动技能的内容要求、学业要求和教学提示

鉴于基本运动技能的特点，《义务教育体育与健康课程标准（2022年版）》在水平一专门设置了基本运动技能的学习内容，为学生后续体能和专项运动技能学练打下了坚实基础。在课程总体设计思路下，基本运动技能教学主要围绕全面提升学生核心素养展开。然而，基本运动技能到底教什么，如何有效地教和有效地学，学生学习后应该达到怎样的标准等都是亟须解决的问题。下文将围绕《义务教育体育与健康课程标准（2022年版）》中基本运动技能的内容要求、学业要求和教学提示等进行解析。

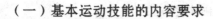

（一）基本运动技能的内容要求

1. 身体姿势

身体姿势是指身体和身体的各个部位在做动作的过程中所处的状态与位置，属于动作的空间特征。一个完整的身体运动过程一般包括开始姿势、动作过程中的姿势和结束姿势，其表现形式有动态姿势和静态姿势之分。依据《义务教育体育与健康课程标准（2022年版）》关于"了解正确的身体姿势，能做出正确的坐、立、行和读写姿势等"的内容要求，水平一要使学生了解正确的身体姿势及相关运动术语等知识，并通过创设家庭、学校或社会等不同的应用情境，或采用游戏和专门的动作练习，引导学生学练坐、立、行和读写姿势等单一或组合的身体姿势。

2. 移动性技能

移动性技能是指走、跑、跳、滑动等能产生位置移动的运动技能。依据《义务教育体育与健康课程标准（2022年版）》关于"体验移动性技能的具体内容和练习方法，如高矮人走、马步跑、追逐跑、垫步跳、跑跳步、攀爬和队列练习等活动，以及'青蛙跳荷叶''动物爬行''老鹰抓小鸡'等游戏"的内容要求，水平一要使学生学习和体验移动性技能的具体内容和练习方法，并通过创设简单的应用情境，或采用游戏和专门的动作练习，引导学生积极参与移动性技能的学练活动。同时，体育教师可以结合讲解、查阅资料等方式帮助学生了解移动性技能的运动术语、动作名称、游戏方式与练习方法等。例如，在发展动作频率（学练行走、跑步、单脚跳、垫步跳等）和提升动作质量（学练侧并步跳、爬行、纵跳等）的基础上，通过"警察与小偷""模仿动物行走"等游戏创设不同的、复杂的运动情境，引导学生学习和体验移动性技能的单个动作与简单组合动作。

3. 非移动性技能

非移动性技能是指在运动中身体相对地面不产生位置移动的基本运动技能，主要包括屈体与伸展、旋转与转动、推动与拉动、摆动等动作形式。依据《义务教育体育与健康课程标准（2022年版）》关于"体验非移动性技能的具体内容和练习方法，如伸展、屈体、扭转、悬垂、支撑与推拉、平衡等活动，以及'高人矮人''不倒翁''金鸡独立''木偶人'等游戏"的内容要求，水平一要使学生学习和体验非移动性技能的具体内容和练习方法。例如，在发展身体平衡能力、动作协调性（学练单脚站立、蹲起、转身等），以及姿势控制能力与节奏变换能力（学练平衡木走、躲避、推拉等）的基础上，通过"萝卜蹲"等游戏发展学生的非移动性技能，引导学生学习和体验非移动性技能的单个动作与简单组合动作。

4. 操控性技能

操控性技能是指控制性地使用手和脚来完成复杂的任务，一般是通过操控周围环境中的物（如球、拍或其他道具等）来完成目标任务。依据《义务教育体育与健康课程标准（2022年版）》关于"体验操控性技能的具体内容和练习方法，如各种投、传、击、踢、接球，用手或用脚运球，用短（长）柄器械击球等活动，以及'毛毛虫划龙舟''托乒乓球比赛'等游戏"的内容要求，水平一重点在于促进学生学习和体验操控性技能的具体内容和练习方法，并通过创设简单的应用情境，或采用游戏和专门的动作练习，使学生积极参与学练并了解操控性技能的游戏名称和练习方法。例如，在学练抓接、行进间运球、手运球、脚运球等以操控目标为导向的动作，以及肩下投掷、肩上投掷、原地踢球、双手持棒击球等以释放目标为导向的操控动作基础上，通过"掷沙包""踢毽子""叫号接球"等游戏发展学生的操控性技能，引导学生学习和体验操控性技能的单个动作与简单组合动作。

5. 运动认知与理解能力

运动认知是物体的运动特性在人脑中的直接反映，主要通过动作速度、用力方式和运动轨迹等特征来体现人体在运动时内在的、有目的的运动控制，在一定程度上反映了个体对运动效能和动作质量的理解。依据《义务教育体育与健康课程标准（2022年版）》关于"在运动过程中体验方向、水平、路径、节奏、力量和位移速度的变化，感受与他人或物体的相对关系，知道相关运动术语"的内容要求，水平一重点在于通过基本运动技能学练，使学生在运动过程中体验不同方向、人体的不同运动切面、直线或曲线路径，节奏变换快慢，用力大小，加速与减速的变换等，以及人和物体的相对空间关系（如上下、左右、远近、内外等）；在多个情境中，结合讲解、同伴协助、网络查阅等方式帮助学生了解相关运动术语；促进学生在运动过程中借助高质量的协调动作达成相应目标任务，提升学生在人体动作控制过程中的运动认知与理解能力。

6. 空间认知能力

空间认知能力是了解、理解和操纵环境的能力。根据《义务教育体育与健康课程标准（2022年版）》关于"感受时空变化，在个人和集体练习中根据指定节拍感受时间变化，在不同活动场景中学会区分自我空间和公共空间"的内容要求，体育教师在教学中应帮助学生从人体的运动场域出发，感受身体之外的"不同时空"，如通过"玩气泡""呼啦圈""跳格子"等游戏，结合语言，引导学生了解在呼啦圈或气泡空间中的"个体"与"个体"之外的环境之间的关系，帮助学生更好地认识自我空间和公共空间的关联与区别。

（二）基本运动技能的学业要求

1. 运动能力

在运动能力方面，《义务教育体育与健康课程标准（2022年版）》要求学生知道基本运动技能包括移动性技能、非移动性技能、操控性技能的相关内容，能结合示范（或通过图片等直观教具）说出移动性、非移动性和操控性技能的练习方法与游戏名称，在运动过程中能表达出方向变化、速度快慢、力量大小等的运动术语；能参与基本运动技能学练和游戏；能协调发展基本运动技能，做到重点关注、协同发展、有效衔接。体能达到相应年级《国家学生体质健康标准（2014年修订）》的合格水平，并能保持良好的坐、立、行和读写等身体姿态。通过校内、校外等途径，每周进行3次课外基本运动技能学练。

2. 健康行为

在健康行为方面，《义务教育体育与健康课程标准（2022年版）》要求学生乐于参与基本运动技能学练和游戏，能说出参与体育活动前后的感受；具有时空意识和安全运动意识，能在运动中做好安全方面的自我检查，与他人保持安全距离。例如，在参与移动性技能学练时能积极跑动，全身心投入技能学练和体育游戏，并说出参与技能学练和体育游戏前后的感受；能结合时空意识判断从高处跳跃的安全高度；面对凹凸、积水等存在安全隐患的运动环境时具有安全意识；练习踢球、击打等操控性技能时，能自主检查器械，及时提醒同伴保持安全距离等。

3. 体育品德

在体育品德方面，《义务教育体育与健康课程标准（2022年版）》要求学生在活动中与同伴友爱互助，遵守纪律，文明礼貌，不怕困难，努力坚持学练。例如，在追逐跑、抛接球、击打球、躲闪学练或游戏中与同伴相互协助，主动与同伴牵手、搀扶，共同面对挑战等；在"萝卜蹲""青蛙过河"等游戏中能了解规则、遵守纪律，并按照游戏规则和要求进行游戏；在"掷沙包""击打球"等游戏中文明礼貌，未经允许不随意击打球或掷砸同伴，在同伴遭遇失败时，不刻意嘲笑或戏弄他人；在追逐游戏中能不停地跑动，在抛接球学练中能不停地接抛球，不怕困难、努力坚持，体现出克服困难的勇气。

（三）基本运动技能的教学提示

水平一的学生活泼好动，善于模仿，喜欢参与体育活动和游戏，但对教学过程的独立思考能力较弱；对外界事物充满好奇；喜欢表现自己，但注意力、自控能力和课堂纪律性较差；双侧大脑正处于分化期，脑功能区的专门化不完善；处于对时空变化与身体变化认知的重要阶段，善于发现事物的主要特征及相互关系。《义务教育体育与健康课程标准（2022年版）》基于水平一学生的身心特点和基本运动技能的掌握情况，提出了具有针对性的教学提示。

1. 创设生动形象的情境开展游戏化教学，激发学生的情感体验

情境教学法是指在教学过程中，教师有目的地创设具有一定情绪色彩、模拟真实自然的活动场景，以引起学生的情感体验，从而帮助学生理解学习内容，对学生施加积极影响的教学方式。鉴于水平一学生的身心特点，体育教师在教学中应根据学生好动、爱玩、爱模仿等特点，创设生动形象的教学情境，引导学生模仿教师动作或跟随教师语言提示做动作，通过扮演不同角色或对象进行学练，如模仿熊、兔子等动物的移动方式或飞机、火车等交通工具的通行方式。这种把教学内容生活化和趣味化的方式，代入感强，与学生学习的内驱力高度匹配，有助于将学生引入情境中，激发学生学习的主观能动性和情感体验，从而提高学生的柔韧性、灵敏性、平衡能力及自我展示能力，潜移默化地引导学生将模仿与游戏行为转化到生活和学习中，学会与同伴友好相处。

2. 运用启发式教学，促进学生积极参与和主动思考

启发式教学是指教师在教学过程中根据教学任务和学习规律，从学生实际出发，以启发学生的思想为核心，调动学生学习的主动性和积极性，使学生生动活泼地学习，从而促进学生身心发展的教学方式。《义务教育体育与健康课程标准（2022年版）》提出"运用启发性问题，如'能不能用身体展示一个圆形的苹果''如何能像青蛙那样从一片荷叶跳到另一片荷叶上'等，引导学生发挥想象力，以多种形式探索各种可能的运动，加深对不同形状及身体表达的认知，促进学生积极参与和主动思考"的教学提示，其实质就是创设启发式教学情境，引导学生在"圆形苹果"或"青蛙跳荷叶"的情境中产生联想，从而促进学生对身体与运动方向、水平、路径、节奏、力量、速度等要素之间的关系产生无限思考，加深学生对身体表达和运动的认知与理解，激发学生的创新意识，培养学生主动思考与探究的能力，发展学生的想象力和创造力。

3. 重视组织学生进行身体双侧协调练习，促进学生大脑均衡发展

人体大脑皮质具有高度的"专门化"特征，运动中枢专门处理运动信息。大脑双侧分化不完全时，会导致身体左右两侧肢体结构、动作模式或运动能力产生差异，上下肢的维度、力量、爆发力等发展不对称。大脑双侧分化不完全不仅表现在完成某个动作时无法实现协调发力，还表现在全身各部位僵硬地参与运动，导致力量被过多消耗。

水平一的学生双侧大脑正处于分化期，体育教师在教学中应充分运用对称性身体运动组织学生进行身体双侧协调练习，如左右手交替运球、左右脚交换跳、不同方向的追逐与躲闪游戏等，通过游戏与专门的身体双侧协调练习，促进学生大脑均衡发展，提高学生的反应能力、身体控制能力和协调能力。

4. 注重与艺术、劳动等相结合，激发学生的学习热情和兴趣

水平一的学生喜欢表现自己，但其注意力、自控能力和课堂纪律性较差。在基本运动技能教学中，体育教师应注意与音乐、美术、劳动等课程相结合，创设生动活泼的教学情境，用有创意的方式引导学生参与活动，激发学生的学习热情和兴趣。基本运动技能学练需要反复进行巩固练习，容易使学生产生乏味与枯燥感。应避免采用单调、枯燥的练习形式，注重与其他课程相结合，提高学练过程的趣味性。例如，将音乐与抛接球、击打球等操控性技能学练相结合；让学生采用走、跑结合的方式在雪地上绘画，体验变速跑、变向跑等移动性技能；创设各种劳动场景，将劳动与传、接等操控性技能学练相结合。这样一来，既满足了体育与健康与其他课程相结合的要求，又能激发学生的学习积极性。

5. 注意引导学生参与多样化的活动，培养学生对运动概念和身体变化的感知

水平一是培养学生感知时空变化等运动概念和身体变化的重要阶段。体育教师应注意设计和创编形式多样的游戏或练习，引导学生参与多样化的活动。例如，引导学生采用"手运球""脚运球"结合前后、左右等不同方向、直线与曲线等不同路径，或配合音乐节奏感受时间变化等练习方式；在追逐跑过程中根据声音、手势或障碍物做出不同的停止动作；运用高矮人走、滑步、跳跃等方式与同伴进行镜像游戏等。引导学生在运动体验中积累身体活动经验，掌握更多的基本运动技能，不断扩大参与运动的空间，提升运动感知能力；在学练过程中逐步发现、认识和理解个体与人、物、环境之间的关系，培养对时空变化等运动概念和身体变化的感知与理解。

三、体能的内容要求、学业要求和教学提示

《义务教育体育与健康课程标准（2022年版）》对水平二至水平三体能的内容要求、学业要求均有较为明确的规定，并提出了相应的教学提示。一方面，通过水平一的基本运动技能学练，学生有了体育运动的相关经历，基本运动技能已经形成，水平二至水平三则更为强调基于基本运动技能进行相应体能

的学练和发展。另一方面，水平二至水平三的学生正处于身体机能快速发展阶段，此时结合各项体能发展的敏感期或窗口期进行相应的体能学练，不仅有助于学生掌握体能基础知识，提升体能水平，还可以为学生毕业时掌握1～2项运动技能和实现终身体育奠定坚实的基础。下文将以《义务教育体育与健康课程标准（2022年版）》中水平二至水平三体能的内容要求、学业要求和教学提示为基本架构，分别对相应内容进行解析。

（一）不同水平体能的内容要求

水平二要求学生知道身体成分的基础知识和身体成分的改善方法，对于专项体能的教学主要以引导和启蒙为主，因此"知道"是此阶段内容教学的重点与课程学习目标。水平三的学生对理论知识的学习已经具备一定的基础，需要了解并运用体能发展的基础知识和多种练习方法，以及科学的体能测评方法；了解并运用身体成分的基础知识和改善身体成分的多种练习方法。水平三明确要求学生达到"了解并运用"的层次。

根据体能发展的基本规律，水平二至水平三的体能发展要求逐步提高。水平二强调体验并知道发展心肺耐力的多种练习方法，重在让学生在愉悦、有趣、多样的体能学练中喜欢上运动。水平三在水平二的基础上，注重拓宽学生的视野，让学生关注不同体能学练的关联性和完整性，积极参与结构化和整合性的体能学练，促进学生体能全面协调发展。此外，建议水平二至水平三阶段每学期专门安排6课时的体能学练，而且要与每节课10分钟的体能学练同时进行，不可互为代替。

（二）不同水平体能的学业要求

学业要求是完成各水平教学内容的基本保障，是教育质量评估的基本依据。《义务教育体育与健康课程标准（2022年版）》从运动能力、健康行为、体育品德三方面对水平二至水平三的体能内容提出了具体的学业要求。

1. 运动能力

运动能力包括体能状况、运动认知与技战术运用、体育展示或比赛三个维度。在体能状况维度，水平二要求体能有所发展；水平三要求能做到站如松、坐如钟、卧如弓、行如风。在运动认知与技战术运用维度，水平二要求能说出相关的体能术语和游戏名称，促进学生学习和熟悉体能知识，使学生知道和体验体能的内容；水平三要求能描述各种体能的练习方法，如在进行跳绳接力跑游戏时，引导学生对跳绳动作进行描述并讲解游戏规则，该要求可以综合促进学生各项体能的发展与巩固。在体育展示或比赛维度，水平二要求参与体能学练、游戏和比赛，通过较长时间的体能学练以及在比赛和游戏中合理利用体能，使体能有所发展；水平三要求能在游戏和比赛中积极运用体能，理解并运用体能发展的多种练习方法。

2. 健康行为

健康行为包括体育锻炼意识与习惯、健康知识与技能的掌握和运用、情绪调控、环境适应四个维度。在体育锻炼意识与习惯维度，水平二要求乐于参与体能学练，水平三要求适应体能学练中运动密度与强度的变化。在健康知识与技能的掌握和运用维度，水平二要求根据身体感受调整练习节奏，水平三要求根据身体条件和体能基础选择适宜的锻炼方式。在情绪调控维度，水平二要求关注自己情绪的变化，水平三要求在遇到困难时能及时应对，主动克服，积极调控情绪。在环境适应方面，水平二要求与同伴合作完成体能学练，如可在教师的指导下，通过两人或多人合作的形式开展体能学练，这不仅可以促进学生对体能内容的学习和掌握，还能营造学生相互观察、相互学习的良好情境；水平三要求在学练过程中遇到困难时能及时应对。

3. 体育品德

体育品德包括体育精神、体育道德和体育品格三个维度。在体育精神维度，不同水平的要求逐步提高。水平二要求在体能游戏和比赛中表现出克服困难、奋勇拼搏的意识和行为；水平三要求在体能活动中积极进取，勇敢顽强。在体育道德方面，水平二要求按照规则和要求参与体能游戏和比赛，表现出相互尊重；水平三要求遵守各种规范和规则，表现出公平竞争的意义。在体育品格维度，水平二要求表现出乐于助人的意识和行为；在水平二的基础上，水平三要求在体能活动中自尊自信。

（三）不同水平体能的教学提示

1. 水平二的教学提示

水平二主要突出体能发展的基础知识和练习方法的学习与体验。首先，根据学生善于模仿、对教学过程思考较少等特点，可以采用情境化教学提高学生参与体能学练的积极性，也可以采用简便易行的游戏或比赛培养学生持续学练的意识和行为。其次，根据学生对外界事物充满好奇的特点，可以采用启发式教学激发学生体能学练的兴趣，通过具有启发性的问题引导学生进行探索，促进学生在体能学练中解决问题。再次，根据学生体能发展的敏感期有针对性地选择教学内容。例如，水平二学生的柔韧性、反应能力、位移速度、协调性、灵敏性、平衡能力等体能正处于发展敏感期，此时应采用适当的练习方法和合理的练习形式或动作组合促进学生的体能快速发展。最后，引导学生参与课外体能练习。课外体能练习是巩固课堂体能学练效果的必要保障。因此，体育教师要引导学生积极参与课外体能练习，鼓励学生与家长或同伴开展简便易行的体能活动。

2. 水平三的教学提示

在水平二的基础上，水平三强调体能教学应注重以下四个方面：

第一，根据学生特点创设情境化体能学练情境。创设情境化的体能游戏和比赛场景是提高学生体能学练效果的重要途径。教学内容设计要以体能学练为主，并在其中渗透体能发展的基础知识。

第二，关注练习内容的关联性和完整性，引导学生参与结构化的体能学练。水平三学生的最大力量、快速力量和有氧耐力等还处于训练谨慎期，反应速度、柔韧性、灵敏性处于提高训练期，体育教师在教学时要关注不同体能发展的相互配合与互补，设计包含多种体能学练的内容，通过综合性活动过程达到体能学练的关联性与完整性，引导学生参与结构化、综合性的体能学练。

第三，根据身体机能的阶段特点，培养学生的安全意识和自我保护意识。体育教师在教学时要特别强调安全性，如在力量练习时以克服自身重量的练习为主，在柔韧性练习时注意量力而行等。

第四，引导学生定期自测，养成科学锻炼的习惯。自主性是提高体能学练效果的关键，学生只要积极主动地参与体能学练活动，并在活动中保持自主性，充分发挥创新性，其自主意识与能力就能得到良好发展。

第三节　健康教育内容解读

生命安全与健康是人生存和发展的基本需求与永恒追求，生命权、身体权和健康权是公民的基本权利。随着社会的发展和人们生活压力的增大，健康问题日益凸显，健康教育越来越受到国家和社会的重视。中共中央、国务院印发的《"健康中国2030"规划纲要》指出："将健康教育纳入国民教育体系，把健康教育作为所有教育阶段素质教育的重要内容。"《义务教育体育与健康课程标准（2022年版）》指出：健康教育贯穿整个义务教育阶段；健康教育由体育与健康、道德与法治、生物学、科学等多门课程共同承担，体育与健康是落实健康教育的主要课程。

一、健康教育的主要特点与育人价值

良好的健康教育有助于学生树立正确的生命观与健康观，培养健康的行为习惯与生活方式，培养健康行为，为终身健康奠定基础。义务教育阶段是儿童青少年身体发育和心理发展的关键期，同时也是其形成正确生命观与健康观、养成健康生活方式的重要时期。提高义务教育阶段学生的健康知识与技能水平，培养义务教育阶段学生的健康行为刻不容缓。

（一）义务教育阶段健康教育的主要特点

1. 不同水平的内容要求与学业要求具有阶段性和连续性

义务教育阶段，学生身心发展与认知水平具有不同的特点，这就要求健康教育在内容上针对不同阶段学生应有所区别，以体现健康教育内容要求与学业要求的阶段性。另外，根据学生身心发展规律，从水平一至水平三，健康教育的内容要求、学业要求要具有一定的连续性，使学生在不同年龄阶段能够了解、掌握与其成长和生活密切相关的健康知识与技能，有针对性地掌握健康管理技能，形成健康生活方式，不断增进身心健康。

2. 重视让学生在生活和运动实践情境中接受健康教育

健康教育的目的不仅是传授学生健康知识与技能，还要将健康知识与技能的学习、健康意识的培养和健康行为的养成有机结合，培养学生健康的生活方式，提升学生的健康水平。义务教育阶段的健康教育要避免枯燥的知识灌输，要与学生已有认知水平和生活经验相结合，以问题为导向，结合学生自身或身边发生的问题合理创设情境，使学生在各种贴近实际生活的实例中理解并学会应用健康知识。这样既可以激发学生的学习热情，提高学生的学习积极性，也利于提高学生的学习效果，让学生在遇到具体健康问题时能做出理性、负责任的选择。

3. 注重多门课程相互配合共同发挥育人作用

在义务教育阶段，健康教育需要体育与健康、道德与法治、生物学、科学等多门课程共同发挥作用。体育与健康课程中的健康教育要关注各门课程中与健康教育相关的内容，通过与不同课程的配合，共同完成义务教育阶段学生的健康教育。体育教师要注意帮助学生在不同课程的知识内容之间建立起认知桥梁，引导学生从不同课程、多个角度、不同体验中潜移默化地提高健康水平，养成健康行为习惯。

（二）健康教育的育人价值

1. 树立正确的生命观与健康观

生命是人生存的基础，健康是人更好地进行社会活动的前提。儿童青少年作为国家的希望、民族的未来，帮助他们从小树立正确的生命观与健康观是健康教育的首要任务。义务教育阶段的学生正处于身心发展的重要时期，其认知水平与价值观尚未成熟，教师要帮助学生树立"生命至上，健康第一"的理念，在传授健康知识与技能的同时宣扬积极乐观的生命理念，让学生理解生命的价值，了解身体健康与心理健康的意义，培养热爱生命与生活的意识，树立正确的生命观与健康观。

2. 培养健康的行为习惯与生活方式

义务教育阶段形成的行为习惯与生活方式会影响人的一生，因此健康教育的一个重要育人价值是培养儿童青少年健康的行为习惯与生活方式。健康教育要通过传授五大领域的健康知识，让学生了解什么是健康，在生活中能够灵活运用健康知识与技能，学会分析与评估健康状况，能够在生长发育过程中自觉维护身体健康、维持稳定的心理状态，学会预防疾病，学会应对突发公共卫生事件，形成对身心发展有益的行为习惯和积极的生活方式。

3. 培养健康行为，促进学生全面发展

"生命至上，健康第一"是生命安全与健康教育的基本理念。对个体而言，健康的身体是学习、生活和工作的保障。对社会而言，健康的个体是构建健康社会的关键所在。学生只有学会自觉保持健康，主动消除影响健康的不利因素，才可以更好、更全面地发展。义务教育阶段的健康教育，要教会学生健康知识与技能，让学生养成正确的健康行为习惯，学会珍惜生命和爱护健康，为学生的健康成长与全面发展打下坚实基础。

二、健康教育的内容要求、学业要求和教学提示

健康教育是《义务教育体育与健康课程标准（2022年版）》五大课程内容之一，是实现义务教育阶段体育与健康课程目标的重要载体。新课程标准分别从内容要求、学业要求、教学提示三个方面对不同水平的健康教育提出了具体要求。内容要求、学业要求、教学提示三个方面相互联系，相互影响，为达成核心素养培养目标提供支撑。

（一）不同水平健康教育的内容要求

不同水平健康教育的内容主要包括健康行为与生活方式、生长发育与青春期保健、心理健康、疾病预防与突发公共卫生事件应对、安全应急与避险五个领域。《义务教育体育与健康课程标准（2022年版）》从这五个方面针对各个

水平提出了不同的要求，形成了健康教育的内容体系。

1. 健康行为与生活方式

（1）水平一的内容要求

第一，知道适量饮水的重要性，知道瓜果蔬菜需要清洗干净才能烹调或入口食用，了解常见食物的种类，了解偏食、挑食、暴饮暴食的危害，了解基本的餐桌礼仪。教师要引导学生养成适量饮水的习惯，让学生知道适量饮水不仅有助于新陈代谢和排出体内毒素，还能提高机体免疫力；知道食用和烹饪瓜果蔬菜前一定要清洗干净；了解常见食物分为谷类、蔬菜水果类、蛋白质类、油脂类、豆类等；了解偏食、挑食会造成营养失衡、抵抗力差，影响智力发育，暴饮暴食会造成肥胖、消化功能紊乱、加重心脏负担；了解吃饭时应端正坐姿、不发出声响，口内有食物时避免说话，适时使用公筷，不翻搅菜肴，不乱吐皮壳，礼敬长辈等。

第二，保持卫生，勤洗手、勤洗澡，勤刷牙，勤剪指甲，勤换衣服；不咬手指，不随地吐痰，文明如厕。教师要引导学生注意保持个人卫生，做到"五勤"，注意物品清洁，具备基本的个人卫生习惯。

第三，知道体育锻炼有益健康，经常参与户外运动或游戏；知道基本的运动安全知识和方法；伏案学习时保持坐姿端正，行走时身姿挺拔，关注自己的体重。教师要让学生知道经常参加体育锻炼和户外运动或游戏对身心健康有益。例如，跑步、游泳等运动可以增加肺活量、改善心肺功能和血液循环，跳绳、篮球、跳高等运动有利于骨骼生长等。教师要让学生知道在运动前做好准备活动，运动中正确掌握动作要领，注意观察场地和器材情况，运动后做好放松；在伏案学习时，注意保持正确姿势，身体正直，两肩齐平；站立时挺胸收腹，双腿伸直，重心在双脚上；行走时身体直立、抬头挺胸，身姿挺拔，两臂自然摆动，目视正前方。知道体重与身体健康有一定关系，过胖或过瘦都会影响身体健康。

第四，知道眼睛的重要性和保护视力的常用方法，树立爱眼意识，预防眼外伤；知道视力异常的症状和正确配戴眼镜的方法，能做到定期检查视力。

教师要让学生知道眼睛的重要性，树立爱眼意识，看书、写字时眼睛与书本保持适当距离，不过度看手机、电视和平板电脑，定时放松眼睛，在游戏和运动中注意预防眼外伤。知道出现眯眼看东西、频繁眨眼、爱揉眼睛、畏光等症状时，可能存在视力异常，要马上与家长沟通，及时到医院检查。知道配戴眼镜时不能用力扭曲眼镜框架，以免造成眼镜变形；眼镜框架不能过松或过紧，若发现眼镜框螺丝松动，要及时到专业机构进行修理；定期检查视力，及时发现视力问题。

（2）水平二的内容要求

第一，了解健康食品和饮料的种类及成分，知道碳酸饮料对身体健康可能造成的危害。健康食品可以分为一般食品、绿色食品、疗效食品、营养补助食品、特殊用途食品和机能性食品等。健康饮料包括果蔬汁类及其饮料、蛋白饮料等。教师要让学生知道过多食用不健康食品或过多饮用不健康饮料会对身体造成多方面的不利影响。例如，长期饮用碳酸饮料会影响人体对钙的吸收，抑制人体有益菌，引起腹胀，影响食欲，降低人体免疫力，导致肥胖。

第二，了解吸烟、被动吸烟的危害，拒绝吸烟并抵制二手烟，发现周围有人吸烟时能进行劝阻。香烟在燃烧过程中会产生上千种有害物质，长期吸烟或被动吸烟可能导致慢性呼吸系统疾病、恶性肿瘤、心脑血管疾病等。二手烟中同样含有大量有毒物质，不吸烟者暴露于二手烟中，会增加多种与吸烟相关的疾病发病风险，容易烦躁不安，耳、鼻、喉部感染的机会也会增加。教师要教会学生拒绝吸烟、抵制二手烟、劝阻周围人吸烟的方法。

第三，了解参与体育锻炼、充足睡眠、合理膳食对生长发育和身心健康的益处；知道自身身体状况，参加适合的体育锻炼，选择合理的运动负荷。科学锻炼能强健体魄、促进生长发育、磨炼团队合作精神、培养规则意识、塑造健全人格。充足睡眠能使人的肌肉和精神得到放松，不仅有利于大脑中蛋白质的合成，还能增强记忆。合理膳食有助于健康成长。教师要引导学生根据自己的身体状况，参加适合的体育锻炼，选择合理的运动负荷。

第四，了解近视的成因和科学矫正视力的方法，知道户外运动对预防近视的作用。长期近距离用眼是近视发生的重要原因，照明条件不佳、阅读字号过小或字迹模糊的文字、持续阅读时间过长、缺乏户外活动、电子产品普及等因素也会导致近视。教师要引导学生注意控制用眼距离和姿势，改善照明条件，保证充足睡眠，增加户外运动时间，控制电子产品使用时间等。

（3）水平三的内容要求

第一，理解一日三餐的营养要求与作用、合理膳食的意义，以及营养均衡和饮食多样化的益处，知道适当运动有利于食物的消化和营养的吸收。一日三餐的食物中含有人体所必需的各种营养元素，可以为人提供各种活动所需的能量，维持机体的正常生理功能。一日三餐应当摄取人体所需的多种营养素，各营养素之间的比例要均衡、合理。合理膳食、营养均衡和饮食多样化有利于身体健康，可以预防多种疾病。适当运动可以加快新陈代谢，增强肠胃蠕动功能，促进营养吸收得更充分，使骨骼强壮、肌肉结实有力，有利于生长发育。

第二，理解饮酒对健康和生长发育的影响、毒品的常见种类和危害。长期饮酒会引起血压升高、消化不良、胃肠道慢性炎症、酒精性心肌病，甚至会损害神经系统，导致大脑功能失调、神经衰弱、智力减退、思维涣散、记忆力下降等。毒品常见种类包括鸦片、海洛因、甲基苯丙胺（冰毒）、吗啡、大麻、司卡因等，不同毒品被摄入人体后会产生不同的毒副反应，会对人的健康形成直接而严重的损害，吸毒过量还会导致死亡。毒品会让吸毒者产生生理和心理依赖，对个人和社会造成极大危害。

第三，理解健康的概念、影响健康的因素；理解正常体重、超重、肥胖和体重不足的概念，以及超重、肥胖与健康问题的关系；了解保持正常体重的方法。健康不仅指一个人没有疾病或不虚弱，还指一个人生理上、心理上和社会上的完好状态。影响健康的因素主要包括环境因素、生物学因素、行为因素和生活方式及卫生保健服务因素等。体重是反映和衡量一个人健康状况的重要指标之一，过胖和过瘦都不利于健康。身体质量指数[①]（Body Mass Index，BMI）是国际上常用的衡量人体胖瘦程度以及健康状况的一个标准。体重是否正常主要取决于进食量与活动量是否平衡，营养均衡、锻炼适度、睡眠充足、少食多餐、少吃垃圾食品等都有助于维持正常体重。

第四，理解视力不良对自身生活质量等方面的影响。视力下降问题在水平三阶段开始凸显。课业负担加重，各种电子产品充斥着学生的生活，会对视力健康产生不良影响。教师可以从生活状态、学习质量、生活质量等多个维度讲解视力不良的影响，帮助学生保护视力，预防近视。例如，戴眼镜会给平时的运动和生活带来诸多不便，在运动中戴镜框眼镜会增加眼睛受伤的风险，长期戴眼镜还会造成鼻梁变形，影响外在形象。

2. 生长发育与青春期保健

（1）水平一的内容要求

知道生命孕育的过程、人体主要器官的名称及功能、男女生的生理差异。教师可以引导学生了解母亲十月怀胎的全过程，使学生懂得母亲的辛苦和生命的珍贵，从而尊重生命、珍爱生命、敬畏生命；让学生知道人体主要器官，知道身体由头、颈、躯干、四肢构成，知道维持人体生命功能的心脏、肝脏、脾脏、肺脏、肾脏等各器官的名称和功能，知道男生和女生的性别差异以及与性别相对应的行为表现，初步形成性别观。

（2）水平二的内容要求

了解生长突增、第一性征、第二性征的概念和意义，以及青春期身体的各种变化，知道运动和日常交往中的身体边界，学会保护自己的身体不受侵犯。生长突增是青春期开始的重要标志和形态发育的突出表现。男女生在第一性征上的区别主要是生殖器官外形和结构的不同。男女两性除了生殖器官的特异性外部特征称为第二性征。在青春期，女生的主要变化包括乳房和阴毛开始生长

[①]身体质量指数，又称体重指数。身体质量指数（BMI）=体重÷身高^2（体重单位为千克，身高单位为米）。

发育，骨盆变宽，子宫增大，阴道变长，初潮到来等；男生的主要变化包括睾丸和阴囊开始发育，阴毛出现，阴茎生长，出现遗精，面部出现胡须，嗓音低沉等。教师要让学生知道，在运动或日常交往中，男女生正常的身体接触是允许的，非正常的身体接触，尤其是涉及男女生各自的私密部位或敏感部位的接触是不允许的；要引导学生按照运动项目的规则和要求进行活动，避免不合理的身体接触，懂得尊重他人和保护自己。

（3）水平三的内容要求

描述青春期生理与心理的变化，具有预防运动过程中性骚扰的意识和行为。针对学生快速的生长发育，教师要让学生理解身高突然增长是青春期到来的重要标志，能够描述青春期生理与心理的各种变化。这一阶段身体各器官的功能趋向成熟，第二性征开始出现。该阶段学生心理会出现较大变化，开始产生许多细腻复杂的感情，自我意识显著增强，希望得到他人的承认和尊重，渴望独立，摆脱成人约束，希望获得像大人一样的权利，已经意识到性差异和两性关系，男女相处会产生害羞感。在运动中，令人不快的身体接触或不正常的动作技术纠正等都可能是性骚扰，教师要教会学生识别运动中的性骚扰，提高学生预防性骚扰的意识，最大限度地规避运动中可能出现的性骚扰。

3. 心理健康

（1）水平一的内容要求

知道积极情绪有益健康，能识别、表达情绪，能与他人沟通交流。教师要让学生知道愉悦、激情、乐观、希望、爱、自豪、感恩等积极情绪不仅有助于身心健康、智力发展、压力缓解，还能激人奋进，给人带来快乐；要引导学生识别情绪，了解不同情绪的区别，在各种情况下正确表达情绪，与他人沟通交流时保持积极稳定的情绪，表现出乐于与他人交流交往的行为。

（2）水平二的内容要求

掌握一些情绪调控方法，能积极同他人交流与合作。教师要教会学生基本的情绪调控方法，如自我暗示法、心理换位法、认知调节法、音乐调节法、运动调节法等，以便学生出现不良情绪时，可以通过这些方法及时调节自己的

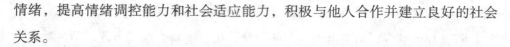
情绪，提高情绪调控能力和社会适应能力，积极与他人合作并建立良好的社会关系。

（3）水平三的内容要求

掌握并运用一些情绪调控方法，主动同他人交流与合作。教师要让学生知道情绪是可以被调控的，不良情绪是可以被排解的；教会学生运用认知理念、环境创设、角度转换、规避问题、转移注意、合理发泄等调控不良情绪的方法，在学习和生活中能够主动同他人交流与合作。

4. 疾病预防与突发公共卫生事件应对

（1）水平一的内容要求

知道在公共场所咳嗽、打喷嚏时遮掩口鼻，患有流行性感冒等传染性呼吸道疾病时戴口罩；知道接种疫苗的注意事项和请病假的程序。教师要让学生知道在传染病流行期间，与他人保持1.5米以上的距离，避免聚集，注意做好个人防护；在接种疫苗前如果出现过敏、感冒、发烧、腹泻等症状，应等身体恢复后再去接种。知道学校的请假流程并严格遵循，因病不能上课时应提前向班主任递交请假条，返校后及时销假。在学校突然出现身体不适时，应立刻告诉老师，联系家长，及时就医。

（2）水平二、水平三的内容要求

理解常见疾病的概念，理解定期体检的必要性。疾病是人体在一定病因的损害性作用下，因自稳调节紊乱而发生的异常生命活动的过程。教师要让学生知道常见疾病有哪些，知道定期体检是预防疾病的一种重要方式，有助于提前发现疾病并及时治疗。

5. 安全应急与避险

（1）水平一的内容要求

知道受伤外出血时及时止血的方法，知道预防溺水的知识和基本的自救方法，知道被常见动物蜇伤、咬伤或抓伤后的简单处理方法，知道遇到意外伤病时拨打急救电话。教师要让学生知道受伤外出血时应该利用按压、包扎等方法及时止血。夏季溺水事故多发，应注意安全戏水，不要独自一人外出游泳，不要到危险水域游泳，下水前做好准备活动，下水后不相互打闹，如突感身体不适，要立即上岸休息或呼救，遇到溺水时要镇定，放松身体，尽量使身体漂浮在水面上，积极自救或等待救援。被动物蜇伤、咬伤或抓伤后应及时用双氧水或生理盐水冲洗伤口，用碘伏或酒精消毒。在遇到意外时知道拨打求救电话，把报警电话110、火警电话119、急救电话120等牢记于心。

（2）水平二的内容要求

了解体育与健康课上和课外体育活动中常见的运动伤病及简单处理方法，如割伤、刺伤、擦伤、挫伤、扫伤、冻伤和中暑的预防及简单处理方法。

常见运动伤病包括低血糖症、运动性贫血、肌肉痉挛、割伤、刺伤、擦伤、挫伤、扭伤、冻伤、中暑、拉伤、出血性损伤、急性胸肋痛（岔气）等。教师要让学生了解常见运动损伤的处理方法。例如，出现割伤、刺伤、擦伤后，可以用双氧水冲洗伤口，用生理盐水棉球清理创面，用75%的酒精或碘伏消毒，然后用无菌纱布包扎；出现挫伤、扭伤、肌肉拉伤、脱位、骨折时，可以按照急性运动伤病处理的四大原则进行处理，即休息、冷敷、加压包扎和抬高伤肢；出现冻伤时，要迅速离开寒冷环境，进行保暖处理，涂抹冻伤膏；出现中暑时，应立即转移到凉爽通风的地方，解开衣领，保持呼吸顺畅，用热湿毛巾擦拭额头和躯干，或者用酒精擦拭身体，严重时应及时就医。此外，还应让学生明确，如果自身发生伤病，不能盲目处理，应尽快向教师求助或拨打120急救电话，及时就医。教师在课前应对运动场地、器材进行细致检查，带领学生充分热身，做好准备活动，尽最大可能降低运动伤病的发生概率。

（3）水平三的内容要求

理解科学锻炼的注意事项，知道骨折和心肺复苏的处理原则与正确处理方法，如固定骨折部位、搬运骨折患者的方法及心肺复苏的操作步骤。

教师要告诉学生，只有根据自身健康情况进行科学锻炼，才能提高身体机能，提高身心健康水平；科学锻炼应遵循循序渐进、全面发展、从实际出发、持之以恒等原则，做好必要的准备活动，选择合理的运动负荷，遵守运动卫生的要求。一旦发生骨折，就要迅速用夹板固定患处，注意固定不应过紧或过松，木板和患肢之间要垫松软物品。搬运骨折患者时，要根据不同情况选择不同方法，如搬运上肢骨折患者可采用搀扶法，搬运下肢骨折患者可以用担架，搬运脊椎骨折患者要用硬担架或木板，搬运颈椎或高位胸脊椎骨折患者要有专人牵引头部，避免晃动。教师可以通过示范讲解，引导学生掌握心肺复苏的原则和方法，如先判断患者是否有呼吸，如果无呼吸就必须先进行人工呼吸；如果无呼吸有脉搏，只做人工呼吸即可；如果脉搏与呼吸全部停止，要人工呼吸与体外按压交替进行。

（二）不同水平健康教育的学业要求

健康教育贯穿整个义务教育阶段，是落实培养学生健康行为的重要途径，是增进学生身心健康，帮助学生积极适应外部环境的主要手段。《义务教育体育与健康课程标准（2022年版）》从体育锻炼意识与习惯、健康知识与技能的掌握和运用、情绪调控、环境适应四个维度对学生的阶段性学习成果提出了具体的学业要求。

1. 体育锻炼意识与习惯

水平一的学生刚进入小学，认知水平有限，因此仅对学生的体育锻炼意识与习惯提出了初步要求。教师要引导学生说出体育锻炼对健康的益处，并引导学生积极参与户外运动或游戏，愿意与同伴交往，尽量避免可能存在的安全隐患；帮助学生初步树立对体育的正确认识，初步形成安全锻炼的意识与习惯，为其今后更好地进行体育锻炼打下基础。

随着学生年龄增长，水平二的健康教育学业要求比水平一有所提升，提出了"积极参与体育锻炼""表现出主动规避运动伤害和危险的行为""能列出体育活动和比赛中的安全注意事项""发生运动伤病时能进行简单处理"等要求。旨在引导学生学会识别危险，规避运动伤害，进一步增强安全意识和健康意识，最大限度地降低运动伤病对身心健康的影响。这有助于促进学生积极主动地参与运动，有助于培养学生具有初步的安全运动意识和能力。

水平三在水平二的基础上，强调学生能够认同体育锻炼是健康生活方式的重要组成部分，并有规律地进行科学锻炼。旨在让学生提升对体育价值的认识，认识到经常参加体育锻炼不仅能强身健体、保持正常体重、促进生长发育，还是健康生活方式不可或缺的组成部分，这有利于学生逐步形成健康的生活方式。

2. 健康知识与技能的掌握和运用

水平一要求学生掌握一些简单的健康知识，表现出基本的健康行为，开始养成一些良好的卫生习惯和行为方式，初步形成健康饮食习惯，养成呵护眼睛的习惯，如合理使用电子产品　读书、写字时正确使用灯光等。这有利于学生今后的生长发育，可以帮助学生初步树立生命意识，形成尊重父母、珍爱生命的意识。同时，教师要教导学生学会请病假，遵守学校的各种行为规范。

水平二的学生对知识的接受能力、自觉性和纪律性有所增强，注意力更加集中，具有一定的动手能力。在水平一的基础上，水平二要求学生能够识别并避免食用"三无食品"，合理饮用饮料，初步形成食品、饮料选择意识和能力。

二手烟对学生身体健康危害很大，教师要引导学生列举吸烟的危害，拒绝吸烟并抵制二手烟。在用眼卫生方面，教师要告诉学生近视的症状以及正确识别近视的方法，引导学生养成正确的用眼习惯，用科学的方法对近视进行预防、延缓并矫正。

水平三进一步提出平衡膳食、做到饮食多样的要求，以满足学生生长发育的需要，同时也为学生的学习和生活提供良好的保障。随着年龄增长，学生接触酒类和毒品的机会增多，因此水平三提出了拒绝饮酒、远离毒品的要求。在水平三，学生已经开始进入青春期，其生理与心理会发生各种变化，所以教师要引导学生了解青春期的相关知识，正确面对青春期的各种问题。另外，要教会学生通过科学的体育锻炼、眼保健操、眼部肌肉锻炼等方法缓解眼疲劳，预防近视的发生或发展；让学生在了解身体各器官的基础上，知道定期体检的益处，并向家庭成员讲解体检的必要性，做到定期体检，发现问题及时治疗，提高预防疾病的意识和能力。

3. 情绪调控与环境适应

水平一要求学生表现出积极的情绪，初步适应体育运动环境和学习环境，为今后更好地融入社会打下基础。水平二在水平一的基础上，进一步要求学生表现出调控情绪的意识，适应体育运动环境和学习环境，在情绪调控和环境适应方面的要求有所提高。情绪稳定既有利于健康，也是人格魅力和修养的体现。水平三在水平二的基础上，进一步要求学生保持情绪稳定，能适应自然环境和社会环境，稳定的情绪和良好的适应力也是身体健康的重要体现。

（三）不同水平健康教育的教学提示

《义务教育体育与健康课程标准（2022年版）》针对不同水平健康教育的内容要求和学业要求给出了相应的教学提示，以帮助教师结合健康教育更好地开展结构化的教学活动，提高教学质量。

1. 水平一的教学提示

教师可以在课堂上利用一些生活场景的模拟情境对学生进行健康教育。例如，合理设置一些问题情境、语言情境、游戏情境、故事情境等，让学生现场表演、讨论、发言，激发学生兴趣，使学生身临其境，在情境中自主探究、理解健康知识与技能。在导入课程阶段，教师可以创设一个用餐场景，做出不同行为，让学生判断哪些行为是文明举止，哪些行为是不文明举止，从而调动学生的积极性，导入新课。

在教学过程中，教师可以突破教室的空间局限，引导学生走出课堂，通过社会实践学习健康知识，在现实生活中了解健康技能，在实践活动中提高思辨能力、动手能力、情绪调控能力、社会适应能力等。例如，可以组织学生开展帮助盲人活动，通过这种爱心活动，既使学生的多项能力得到锻炼，又让学生了解健康视力对生活的重要性，进而树立爱眼意识。

在教学时，教师应根据水平一学生的身心特点，灵活选择多样的教学方法，将知识性与趣味性有机结合，避免采用灌输式教学或单调枯燥的理论讲授。例如，可以运用多媒体呈现图片或视频，也可以采用看图画、讲故事、听儿歌、做游戏、演节目等通俗易懂、直观形象的教学方式。

在教学设计时，教师应结合学生的生活经验，从学生日常生活中的事例导入，激发学生的学习兴趣，提高学生的学习积极性，引导学生将课上学习的健康知识与技能灵活运用到生活实际中。也可以邀请家长参与健康教育教学，让家长扮演一定的角色再现生活中的场景，提高学生的学习效果。

2. 水平二的教学提示

创设不同的生活情境，不仅可以激发学生的学习兴趣、调动学生参与学习活动的积极性，还可以促进学生对健康知识与技能学以致用，培养学生的观察能力和实践能力。教师可以按照创设情境—进行体验—获得感受—归纳总结—探究应用等阶段开展教学。创设的情境要尽可能贴近学生的日常生活，最好是学生经历过的，这样才能使学生获得最真实的感受。例如，可以让学生给亲友讲解饮酒的危害，劝自己的家长戒烟，在他人吸烟时通过合理的言行劝阻以抵制二手烟等。

实践调查与讨论式学习是发现问题的有效方式，而问题恰恰是拓展认知的起点。教师可以围绕发现的问题，启发学生思考，引导学生分析问题，并根据问题提出解决方法。例如，关于绿色食品、吸烟的危害、体育锻炼常识、男女生的区别、情绪的影响等内容，都可以应用实践调查或讨论的方式进行教学。

针对水平二学生的身心特点，教师可以结合学生已有的认知水平，采用形象生动的教学方法，将游戏、竞赛、角色扮演、情景剧等方式与知识讲授相结合，把知识学习融入趣味性活动中，提高学生学习的主动性和积极性。例如，可以针对饮食安全、烟草危害、用眼常识等设计知识竞赛。

3. 水平三的教学提示

教师要引导学生灵活运用所学知识与技能，根据自己的体重状况从营养、锻炼等角度制订相应的计划，进行自我身体调节，维持正常体重，提高学生综合运用健康知识与技能的能力。例如，可以让学生运用所学知识与技能为身边的亲友提供一些健康方面的帮助，解决一些生活中的问题；可以指导学生查询网络、报刊中与健康教育相关的资料和报道，或调查周围人群膳食、作息、运动等方面的行为习惯，收集日常生活中饮酒或其他不健康生活方式对健康造成危害的实例，形成调研报告；可以组织学生分组讨论，提出改进措施，进行自主、合作、探究学习；还可以在调研的基础上，让学生设计健康教育黑板报或手抄报进行宣传，提高学生的探究意识和实践能力。

在教学过程中，教师可以采用多种教学方式和途径，如课堂讲授、演讲汇报、交流研讨、健康主题日活动、外出参观学习等，拓宽学生获取健康知识的渠道，帮助学生养成健康行为习惯，提升健康素养。

第四节　球类运动内容解读

　　球类运动是人们为了实现自我发展和休闲娱乐而创造的以球为载体，在开放和对抗情境中合理运用攻防技战术，以战胜对方为直接目的的体育活动。球类运动的主要特点是结果的不确定性、应激反应的即时性、技能操控的复杂性、战术选择的针对性和有效性等。《义务教育体育与健康课程标准（2022年版）》规定的球类运动项目主要包括篮球、足球、排球、乒乓球、羽毛球、网球、手球、橄榄球等。

一、球类运动的主要特点和育人价值

　　球类运动多起源于游戏，是体育与健康课程的重要组成部分，因普及程度高而深受各个年龄段人群的喜爱。学生经常参与球类运动，能够全面发展运动能力、健康行为和体育品德。

（一）球类运动的主要特点

1. 注重速度与对抗

　　球类运动是双方以球为中心展开的全方位直接对抗的运动，该运动的每个回合都充满了攻与守的较量。好的进攻能够直接得分，减轻防守压力；好的防守则能减少失分，增加反击机会；场上形势瞬息万变，攻防转换迅速，球类运动参与者要针对场上形势，果断完成判断—决策—行动的过程，稍有犹豫即会贻误战机。

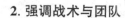

2. 强调战术与团队

篮球、排球、足球、手球、橄榄球以及网球、羽毛球、乒乓球中的双打项目，均由两人或多人协作完成，或者每人在队中担任不同的角色，共同努力完成。在球类运动中，所有参与者必须相互鼓励、相互配合、相互交流，充分发挥团队精神，才能将个人的努力转化为集体的实力，从而才更有可能获得比赛的胜利。

3. 重视规则与公平

体育活动强调在公平条件下竞争。各种体育活动都有规则，球类活动的规则相对来说更加规范。特别是在篮球、足球等球类运动比赛中，违例或犯规的频率较高且对比赛的影响很大，所以参与者都要对规则有一定了解，并尽量减少违反规则的行为，用自己和团队的实力取得胜利。

（二）球类运动对培养学生核心素养的意义和价值

1. 对培养运动能力的意义和价值

经常参与球类运动可以发展学生在对抗和比赛情境中运用技战术组织进攻与防守的能力。进攻与防守、制约与反制约、限制与反限制的同场或隔网对抗贯穿于球类比赛的始终，每次被对方抢断或完成一次击球后，都要立即投入防守。学生经常参与这种高强度的对抗，能够提高学生对球的控制能力，更有可能在比赛中或百步穿杨、攻城拔寨，或虚实结合、声东击西，或长拉短吊、防守突击，展示精湛技艺，同时可以提高肌肉力量、心肺耐力、位移速度、爆发力、灵敏性和协调性，促进体能全面协调发展。

球类运动比赛场上形势瞬息万变，学生经常参与球类运动比赛不仅可以提高针对不同情境的应变能力和决策能力，还能加深对运动项目相关原理、历史和文化的理解，提高比赛组织能力、裁判能力以及欣赏、分析和评价能力，培养对球类运动项目的兴趣和爱好。

2. 对培养健康行为的意义和价值

球类运动种类很多，有同场对抗和隔网对抗等多种运动形式。球类运动的运动量可大可小，激烈的对抗比赛是对学生体能的全面考验，而改变规则、形式的球类游戏也能让学生的身心得到放松。球类运动普及程度高，适合不同年龄、性别和运动基础的学生参与，很有可能成为参与者钟爱一生的体育活动项目。球类运动强调攻守双方全面对抗，场面瞬息万变：面对新环境时，需要尽快适应，发挥应有技战术水平；在比赛中遇到突发情况时，需要调控情绪，保持稳定发挥；面对困难局面时，需要积极进行心理调节，与队友共同努力克服困难；调整技战术时，需要与教练、同伴沟通交流，力求扭转局面。这些情境对于学生健康行为的发展有重要价值。

3. 对培养体育品德的意义和价值

球类运动关注比赛的规则和礼仪，强调在团队中成就个人，个人的努力通过集体的成绩体现出来，因此个人要承担在集体中应负的责任。如果仅个人能力突出，但不能与队友协同一致，就无法获得队友的充分支持，集体的成绩也达不到理想水平。每个人在团队中都担负着不同的角色，只有每个人都在为胜利而努力时，整个团队才能获得胜利，而团队的胜利又反过来为个人的成功奠定基础。经常参与球类运动可以培养学生顽强拼搏和勇于担当的精神，增强学生的角色意识和规则意识，使学生养成文明礼貌、尊重裁判、尊重对手的习惯，帮助学生正确处理竞争与合作的关系，为学生的人格塑造和社会适应能力发展打下良好基础。

二、球类运动的内容要求、学业要求和教学提示

基于球类运动项目的特点和学生的身心发展规律，各水平依据《义务教育体育与健康课程标准（2022年版）》的课程目标要求，分别在其前置水平的基础上进行一定层次的进阶、递进和延伸，从内容要求和学业要求两方面解析不同水平球类运动的总体要求，结合不同水平学生的身心发展规律和球类运动项目的知识与技能掌握规律提出了具有针对性的教学提示，以期对教师的教学和学生的学习提供过程性指导。

（一）不同水平球类运动的内容要求

不同水平球类运动的内容要求主要包括基础知识与基本技能、技战术运

用、体能、展示或比赛、规则与裁判方法、观赏与评价六个方面。教师可以通过大单元学习主题或任务对具体内容进行统整，形成既互相融合又各有侧重的结构化的教学内容体系。

1. 基础知识与基本技能

在学生掌握基本运动技能的基础上，水平二重点关注所学球类运动项目的基础知识，并将已经掌握的移动性、非移动性和操控性技能在球类运动的游戏情境中运用，通过认知和实践的结合，为后续参与球类运动打下良好基础。例如，在水平二的篮球学练中，可以利用"交通信号灯"篮球游戏引导学生学习和体验控球动作，以及基本动作与简单组合动作。

到了水平三，学生就要在认知球类运动的基础上，学练主要的基本动作技术和组合动作技术，并且通过体验和反思，对动作要领、项目文化和运动中的安全防护等知识进行全面了解，为深度参与球类运动学练和比赛打下良好基础。例如，在篮球学练中，要掌握多种方式的传接球（双手胸前传接球、击地传接球、头上传接球等）、不同方式和节奏的运球（高低运球、快慢运球等）、不同方式的投篮（双手胸前投篮、单手肩上投篮等）等主要的基本动作技术，以及运球投篮、接球投篮等主要的组合动作技术，并能描述基本动作要领，同时通过参与篮球运动了解相关知识和文化，以及常见篮球运动损伤的处理办法。

2. 技战术运用

水平二的学生刚开始学练球类运动技战术，重点是在游戏中运用所学球类运动项目的单个及组合动作技术，如集体性球类运动项目主要关注两人或多人配合动作的运用，个体性球类运动项目主要关注动作衔接与组合动作的运用。学习内容的选择不能脱离学生的学习基础和年龄特点，难度不能太大，要根据比赛情境的要求，引导学生在游戏中运用所学球类运动项目的单个及组合动作技术，培养战术意识。列如，举办运球行进间投篮接力赛，让学生通过游戏掌握移动中的传球、运球与投篮等组合动作技术，体会投篮命中的快乐和团队竞争。

水平三强调创设更加真实的学练情境，注重在对抗练习和小型、多样化的比赛中运用组合技术、简单战术，并且体验球类运动的攻守对抗，感受球类运动的规律，提高战术意识。

3. 体能

水平二的重点是让学生知道所学球类运动项目需要的体能简单学练方法，并乐于参与体能游戏。教师要引导学生了解体育锻炼对健康的重要性，积极参与校内外体育活动，对参与发展体能的游戏产生一定的兴趣。

水平三除了继续加强一般体能学练之外，还要逐渐渗透专项体能学练，提高体能学练的针对性，为学生合理运用技战术打下基础。

4. 展示或比赛

水平二的学生刚开始接触球类运动的学练，主要在游戏中运用所学球类项目的基本动作和简单组合动作。水平二的重点是激发学生参与球类活动的热情，帮助学生树立信心，在有一定难度的体育活动中体验挑战的快乐，培养勇敢顽强、克服困难的意志品质，同时鼓励学生参加降低难度、增加趣味性的比赛。例如，篮球进阶运球，足球的拉球、推球、拨球，乒乓球的连续推挡球，小足球、小篮球比赛等。

水平三的学生对球类项目的认知和兴趣大大提升，更愿意在比赛中展示自我，所以水平三的重点转向学习参加比赛的基本礼仪，使学生能够在相对比较正式和规范的班级内教学比赛中展示技战术水平。

5. 规则与裁判方法

不同水平的学生在参与和欣赏形式多样的球类运动比赛时，对"规则与裁判方法"的需求有所不同。结合学生学习和比赛的实际，水平二的学生要学习基本规则和要求，能指出篮球、足球、乒乓球游戏中违反规则的行为，并尝试进行判罚；体验简单的球类比赛礼仪，体验球类比类文化，培养规则意识，按照规则积极参与校内外体育活动。

随着参与球类运动学练和比赛的增多，学生对规则与裁判方法的需求提升，并且更愿意结合比赛了解裁判的判罚方法和规范。水平三要求学生了解所学球类运动项目比赛的基本规则、裁判基本知识和基本礼仪，学会简单的判罚和手势动作，为担任班内和课余比赛的裁判打下基础。例如，在篮球规则与裁判方法的学习中，能够对带球走违例、非法运球、3秒违例、推人、阻挡、带球撞人等常见违例或犯规动作进行判罚，了解篮球比赛入场、向观众致意等基本礼仪。

6. 观赏与评价

观赏与评价重在促进学生核心素养全面提升，引导学生观赏所学球类运动项目的比赛。在观看次数要求上，各水平均要求学生每学期观看不少于8次所学球类运动项目的比赛。其中，水平二要求通过球类比赛观赏与评价，有效发挥直观学习和优秀球类运动员的榜样作用，激发学生的学习兴趣，使学生的球类运动知识了解、学练参与和比赛观赏与评价三者开始形成良好的互动。水平三对球类运动比赛观赏与评价的深度和针对性有所提升，要求学生了解所学球类运动项目的国际赛事，国内外高水平联赛和校内重要比赛，能够对比赛和运动员的表现进行更全面、深入的评价。

（二）不同水平球类运动的学业要求

学业要求是核心素养在某个课程内容层面的具体表现期望，不同水平球类运动的学业要求主要从运动能力、健康行为、体育品德三个方面对可观测的、表现性的学习行为与结果进行描述。

1. 运动能力

运动能力是指学生在参与体育运动过程中所表现出来的综合能力，包括体能状况、运动认知与技战术运用、体育展示或比赛三个维度。

在体能状况维度，各水平均在其前置水平基础上要求有所提高，与专项的结合也更加紧密。水平二要求体能水平有所提高，能参与班级内简化规则与要求的游戏比赛；水平三要求体能水平进一步提高。

在运动认知与技战术运用维度上，要求掌握的技战术难度逐渐增加，运用情境逐渐复杂，对球类运动的认知也更加深入。水平二要求学生掌握所学球类运动项目的基本动作和简单组合动作，并在游戏和比赛中能将掌握的基本动作和简单组合动作加以运用，能兑出相关动作技术的术语；水平三要求学生掌握所学球类运动项目主要的基本动作技术和组合动作技术，并运用所学的技战术参与班级内的教学比赛，能描述基本动作技术要领和基本规则。在体育展示或比赛维度，不同水平对观看比赛数量的要求相同，但是较高水平对于比赛的参与程度和欣赏水平与较低水平相比有明显的提升。水平二只要求观看比赛的数量；水平三要求能够进行简要评价，能描述基本的比赛规则，同时能参与组织班级内的展示或比赛，具有较好的执裁能力。

2. 健康行为

健康行为是指学生增进身心健康和积极适应外部环境的综合表现，包括体育锻炼意识与习惯、健康知识与技能的掌握和运用、情绪调控、环境适应四个维度。

在体育锻炼意识与习惯维度体现了动态变化，水平二要求学生能够体验球类运动的乐趣；水平三要求学生能够积极地参与锻炼。在健康知识与技能的掌握和运用维度，水平二没有具体要求；水平三要求学生能运用预防运动损伤的简单方法。在情绪调控维度，水平二没有具体要求；水平三要求学生能调控情绪。在环境适应维度，逐渐强调通过积极的沟通和交流来适应环境；水平二要求与同伴一起适应新的合作环竟；水平三要求能够与同伴交流合作。

3. 体育品德

体育品德是指学生在体育运动中应当遵循的行为规范和体育伦理，以及形成的价值追求和精神风貌。体育品德包括体育精神、体育道德、体育品格三个维度。在体育精神维度，重点考查学生在面对困难局面时精神层面的表现，并且随着学练的深入，要求学生能够努力克服困难，逐渐表现出勇敢顽强、敢于拼搏的精神风貌。在体育道德维度，主要考查学生的规则意识，水平二要求能按照规则和要求参与游戏和比赛；水平三要求遵守规则的意识更强，能正确认识对抗，并且能够逐渐在比赛中表现出尊重对手、尊重裁判的行为。在体育品格维度，重点考查学生的责任感和胜负观。水平三要求能够履行自己的职责，表现出自尊自信。

（三）不同水平球类运动的教学提示

《义务教育体育与健康课程标准（2022年版）》结合相应水平球类运动的内容要求和学业要求提出了相应的教学提示。总的来说，教师在教学中应广泛运用各种资源，选择有效教学内容，采用多样化教学方法，指导学生在面对问题、解决问题的真实情境中形成核心素养。

1. 水平二的教学提示

水平二的球类运动教学尤其要注意以下四个方面：第一，创设多种形式的游戏情境，激发学生学习兴趣，让学生在游戏中学练。例如，通过创设新颖独特或者接近生活的教学情境，激发学生潜在的学习动机，使学生在"玩"中学，在课堂上呈现出积极的学习态度。第二，适当地调整规则与要求、变换场地与器材，设计多样化的比赛，让更多的学生参与其中并获得成功体验。在教学设计中融入球类运动项目元素，体现球类运动的整体性和对抗性特点。第三，注重精讲多练的原则，把更多时间留给学生体验，让学生充分地动起来。在教学中，不要过度强调动作细节，更不能一堂课让学生学练单一动作，应让学生尽早理解多种动作之间的联系，尽早参与所学球类运动项目的完整活动，以加深对所学项目的体验和理解。第四，引导学生主动思考学练过程中遇到的问题，如组织小组讨论如何把足球停稳、如何把篮球投准、为什么打不着乒乓球等，提高学生合作学习的意识及分析问题、解决问题的能力。

2. 水平三的教学提示

水平三的球类运动教学尤其要注意以下四个方面：第一，根据学生球类运动项目技战术学练的不同阶段，有针对性地创设活动情境，逐渐增加对抗性。在初始学练阶段，可以设计游戏情境下的活动；在动作技术学练阶段，可以设计对抗情境下提高控球能力与合作能力的活动；在战术学练阶段，可以设计特定规则情境下的活动，培养学生进攻与防守的意识和能力。第二，注意增加球感练习和运动时间。例如，可以将多种形式的球感练习融入准备活动和体能学练等环节，优化课程设计，增加有球练习，丰富练习形式，节省捡球时间，提高学生对已学动作技术的熟练程度和控球能力。第三，活动内容设计应体现技战术学习的进阶性和连贯性，通过从无人防守到有人防守、从消极防守到积极防守，再到更加复杂、多样化情境中的灵活运用，提高学生技战术运用效果。

第四，在教学比赛中，要注意让学生了解所学球类运动项目的文明礼仪，如入场仪式、同伴进球后主动上前击掌祝贺等，培养学生良好的体育品格。另外，要引导学生通过报刊、网络等途径学习所学球类运动项目的文化知识，加深对该运动项目的理解。

第五节　田径类运动内容解读

田径类运动是指走、跑、跳、投掷等运动项目，以及由以上部分项目组成的全能运动项目的总称，其特点是以个人为主独立完成速度、高度或远度等的较量。《义务教育体育与健康课程标准（2022年版）》中的田径类运动项目可分为跑（如短跑、中长跑、跨栏跑、接力跑等）、跳（如跳高、跳远等）、投掷（如推铅球、掷实心球、掷垒球等）三类。这些运动形式是人类在生存、生活、生产和社会发展过程中逐步产生并不断演变、改进而形成的。本节将基于《义务教育体育与健康课程标准（2022年版）》的精神和要求，从田径类运动的主要特点和育人价值，以及不同水平田径类运动的内容要求、学业要求和教学提示等方面对其进行解读。

一、田径类运动的主要特点和育人价值

田径类运动具有较强的育体、育智、育心等多重价值。体育教师在教学中应根据不同项目的特点、不同水平学生的身心发展规律，结合学练项目的具体要求，创新田径类运动课程与教学的育人方式，有针对性、有重点地发展学生的运动能力、健康行为和体育品德，从而更好地促进学生身心全面健康发展。

（一）田径类运动的主要特点

1. 基础性与健身性

田径类运动中的走、跑、跳、投掷等运动项目不仅对发展人类生活和运动的基本能力具有重要作用，而且可以为学生学练其他运动项目奠定体能和技能

基础。

《义务教育体育与健康课程标准（2022年版）》中田径类运动教学内容既有适当降低难度、简化比赛规则的竞技性比赛项目，也呈现了由走、跑、跳、投掷等多种运动方式构成的非竞技性健身项目。学生通过合理、适度、持之以恒地进行田径类运动锻炼，可以达到增进健康、增强体质的目的。体育教师要设计趣味性较强的教学内容，在传授必要的运动知识、技能和方法的基础上，引导学生爱上田径类运动。

2. 竞技性与挑战性

田径类运动比赛竞争激烈，无论短距离跑和中长距离走、跑等径赛项目，还是跳跃和投掷类田赛或全能项目，其比赛都要求运动员具备顽强的意志力和强大的体能分配能力，体现出体能储备、心理素质与技战术综合运用的挑战性特点。体育教师在教学时要基于学习目标有针对性地选择和组织内容，根据学生的实际能力和场地器材配置情况，适当降低技术难度，简化比赛活动的规则要求，安排适宜的运动量和强度，选择与学生体能水平、运动技能水平相符的比赛项目，以满足所有学生的学习需要，让每个学生都能在已有基础上挑战跑得更快、跳得更远或更高、投掷得更远的目标。

3. 广泛性与生活性

田径类运动是所有体育运动中开展最早的运动项目之一。无论综合性比赛、各级各类运动会，还是学校体育教学活动和日常健身锻炼，田径类运动始终是最普及、参与人数最广泛的运动项目之一。同时，田径类运动对场地、器材等条件的要求比较低，简便易学、适应范围广、锻炼价值高，人们在日常生活、生产、劳动等活动中经常会运用类似田径类运动的动作技能。体育教师在教学中应充分考虑这一特点，采用游戏化、竞赛化、生活化、结构化等趣味性练习方法和形式，帮助学生在学练基本动作技术的基础上，不断改进和完善组合动作技术与完整动作技术，并在学练过程中不断发展一般体能和专项体能。

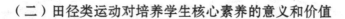

（二）田径类运动对培养学生核心素养的意义和价值

1. 对培养运动能力的意义和价值

在运动能力方面，田径类运动对全面发展学生的力量、速度、耐力、灵敏性、柔韧性等体能，提高学生的快速反应能力、注意力、身体控制能力和技能迁移能力等具有突出作用。例如，短跑项目要求人体在极短时间内达到最大位移，这能有效发展学生的快速移动能力，提高学生的爆发力和无氧代谢水平；中长跑项目要求人体在一定时间内完成最大效率的能量输出，能有效发展学生的心肺耐力，提高学生的心肺功能；跳跃项目要求人体瞬间用最大功率完成跳跃动作，获得最佳远度或高度，能有效发展学生的爆发力、身体控制能力和灵敏性；投掷项目能有效发展学生的肌肉力量和爆发力，提高机体协同完成动作的能力。

学生在持续学练走、跑、跳、投掷等田径类运动项目的结构化课程内容过程中，能全面、有效地提高一般体能和专项体能水平。教师要引导学生运用所学田径类运动项目的知识与技能参与不同类型的比赛，挖掘学生习得运动技能与发展体能之间的内在联系，提高学生对运动技能的认知水平、对技战术的综合运用能力以及体育展示或比赛能力，使学生将习得的田径类运动能力和深刻理解的田径类运动文化内化为自己生命的一部分，并有效迁移到学习和生活中。

2. 对培养健康行为的意义和价值

在健康行为方面，田径类运动或比赛对人的意志力、注意力、观察力、判断力、感知觉能力、自信心等心理素质都有较高的要求。学生经常参与田径类运动或比赛，不仅能增进健康、增强体质，培养良好的体育锻炼意识与习惯，还可以使意志力更坚定、注意力更集中、观察力更敏锐、判断力和自信心更强。体育教师在教学中开展田径类运动项目的学练活动、教学测验或比赛，不仅可以帮助学生学会适应不同类型的竞争与合作环境，掌握合理调控情绪的方法与技巧，还能使学生掌握预防运动损伤的方法，提升与他人交流、沟通、合作的能力。学生在校园内、家庭里、社区中经常适时适地采用快走、奔跑、跳跃、投掷等田径类运动项目进行日常锻炼，能有效提高对自然环境和社会环境的适应能力。

3. 对培养体育品德的意义和价值

在体育品德方面，田径类运动对培养学生勇敢顽强、知难而上、坚持到底的意志品质和勇于进取、坚忍不拔、挑战自我的体育精神等具有独特的价值。例如，短跑项目比赛持续时间短、强度大，需要注意力高度集中，能使学生养成集中精力和专心致志的良好习惯；中长跑项目比赛中消耗的体力和精力较大，需要较持久的耐力，能培养学生坚持到底的意志品质和不断挑战自我的体育精神；不同人数、不同距离、不同形式、不同条件的接力跑等集体项目必须以特有的勇气和团队协作去完成，可以培养学生的团队精神。跳跃项目规则严格，需要控制身体的空中姿态，成功与失败结果明显，能使学生在学练与比赛中不畏困难、勇敢果断、艰苦学练。投掷项目具有单一动作的重复性，运动有枯燥感，能培养学生坚韧的性格。在田径类运动的实践活动中，体育教师可以通过社会舆论、风俗习惯、榜样激励和规则约束等手段，创设公平竞争的教学情境，让学生在比赛环境中和规则约束下反复体验公平正义、坚毅果断、顽强拼搏、积极进取、遵守规则、诚信自律、团队合作、责任担当等不同感受，在潜移默化中把体育道德和规范转化成学生参加体育锻炼活动、游戏、展示或比赛的内心信念和情感，促使学生逐步形成良好的体育品德。

二、田径类运动的内容要求、学业要求和教学提示

本部分将基于不同学段学生的身心发展规律，依据《义务教育体育与健康课程标准（2022年版）》的要求，结合田径类运动项目的特点与价值，以发展学生核心素养为出发点，对田径类运动的内容要求、学业要求、教学提示进行深层解读，分析不同水平之间的递进性和延伸性。其中，内容要求从基础知识与基本技能、技战术运用、体能、展示或比赛、规则与裁判方法、观赏与评价六个维度提出了总体要求；学业要求从运动能力、健康行为、体育品德三个方面描述了学生应该努力达到的学业水平。此外，结合不同水平学生的身心发展

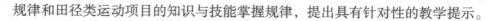

规律和田径类运动项目的知识与技能掌握规律，提出具有针对性的教学提示。

（一）不同水平田径类运动的内容要求

依据《义务教育体育与健康课程标准（2022年版）》要求，不同水平田径类运动项目的内容，可通过大单元学习主题或任务进行统整，形成结构化的教学内容体系，既相互融合又各有侧重。体育教师可根据学校的实际条件和学生的能力水平对所学田径类项目的内容与难度进行适当调整。

1. 基础知识与基本技能

在田径类运动基础知识的习得上，随着水平的提升，要求从"知道"到"了解"，掌握程度逐渐加深。举例来说，水平二要求知道所学田径类运动项目的起源与发展、健身价值、动作名称和练习方法等基础知识。以跳远为例，应结合讲解、同伴相互交流等方式获取跳跃运动的起源与发展、健身价值、动作名称和练习方法等基础知识。水平三更加突出结构化的知识和技能，对运动项目的文化背景和认知要求从"知道"提高为"了解"，并增加了所学田径类运动项目常见运动损伤的处理方法等内容。以100米跑为例，要求了解短跑运动的相关知识和文化，以及常见短跑运动损伤的处理方法。教师可以借助擦伤、肌肉拉伤以及踝关节、膝关节、腕关节、腰部扭伤等常见短跑运动损伤案例，合理安排准备活动，引导学生了解常见短跑运动损伤的处理方法。

随着水平的提升，基本技能的习得从注重"学习和体验"到强调"学练"，要求逐渐提高。举例来说，水平二强调在游戏中学习和体验基本动作和简单组合动作，发挥田径类运动的基础作用和促进体能发展的重要价值，重点学练跑、跳、投掷单项动作技术及其相互之间或与其他项目的组合动作技术，如通过"踩点加速跑""跳方格""空中展体""青蛙跳荷叶"等游戏发展助跑、起跳、腾空、落地等助跑跳远的运动技能。水平三注重基本动作技术、组合动作技术和完整动作技术的学练，发挥田径类运动的综合性作用和促进体能全面发展的重要价值，重点学练学生喜闻乐见的跑、跳、投掷等运动项目，初步掌握所学项目的完整动作技术。

2. 技战术运用

水平二要求学生在游戏或比赛中运用所学田径类运动项目的技能，重点强调情境创设与基本动作技术学练的有效融合。以掷实心球为例，可以创设具有趣味性、挑战性和生活性的游戏和比赛情境，引导学生运用持球向上抛或向下掷、助跑或摆臂预加速、最后用力投掷等动作技术，完成比远、比准、比高的预定技能运用目标。水平三注重对基本动作技术和组合动作技术的运用，对所学田径类运动项目有较完整的体验和理解。以蹲踞式跳远为例，运用快速助跑、有力踏跳、腾空步等主要的基本动作技术，以及助跑与起跳、起跳与腾空、腾空与落地的组合动作技术，完整体验蹲踞式跳远的助跑节奏控制（适合自己的距离或步数）和空中身本姿态控制等。

3. 体能

水平二要求知道所学田径类运动项目需要的体能简单学练方法，并乐于参与体能游戏，注重体能简单学练方法的掌握及运用。教师应充分利用田径类运动的场地器材进行趣味体能学练，使学生养成积极的学练态度。以短跑项目为例，可以通过"抓尾巴"、跳绳接力跑等游戏发展心肺耐力、反应性、灵敏性等一般体能，也可以通过负重摆臂、高抬腿跑、加速跑、计时跑等学练发展专项体能。水平三强调在所学田径类运动项目中加强体能学练，使学生能够了解体能学练的相关原理，懂得体能的重要性和常用学练方法，为提高运动能力、养成健康行为打下良好的体能基础，并持续强化学生的体能水平。以掷实心球为例，可以通过"推小车"、仰卧两头起、各种花样跳绳等一般体能学练加强上肢和腰腹力量，通过负重直腿跳、跳台阶、不同姿势的推举杠铃等学练加强专项体能。

4. 展示或比赛

展示或比赛是学生对所学田径类运动项目的基础知识与基本技能、技战术运用、一般体能和专项体能等的初步运用，对激发学练热情和检验教学效果具有重要意义。水平二强调在所学田径类运动项目的游戏中敢于根据不同要求展示运动技能，并参与形式多样的比赛，关注学生参与比赛的态度，鼓励学生体验比赛的乐趣，进而对所学项目产生兴趣。以跳远为例，在"跳远对抗赛"等比赛中，敢于展示快速助跑、起跳区准确踏跳、空中身体平衡等助跑跳远的技能。水平三强调参与所学田径类运动项目的个人或小组比赛；在比赛中正确展示该项目的动作技术，表现出相关的运动能力，以及所学田径类运动项目比赛的基本礼仪。以100米跑为例，在参加班级内或学校田径运动会100米跑和60或80米迎面接力比赛时，无论成功或失败都应用掌声、点赞等方式欣赏和鼓励同伴或对手。

5. 规则与裁判方法

为了使学生更加全面地了解田径类运动，更好地参加展示或比赛，水平二要求知道所学田径类运动项目游戏的基本规则和要求，尝试判定该运动项目的有效成绩，为今后参与比赛奠定基础。水平三要求了解所学田径类运动项目的比赛规则、比赛秩序和成绩测试方法，学习组织班级内该运动项目的小型比赛，学会与同伴合作完成比赛场地、器材、着装的安全检查和成绩记录等。以100米跑为例，鼓励、指导学生与同伴、任课老师、班主任等合作，组织班级内100米跑小型比赛，完成不同项目的比赛分组、裁判员分工等。

6. 观赏与评价

观赏与评价重在促进学生田径类运动文化素养的全面提升，引导学生观赏所学田径类运动项目的比赛或表演。在观看次数要求上，各水平均要求每学期观看不少于8次所学田径类运动项目的比赛。在观赏与评价角度，从水平二要求知道所学田径类运动项目比赛的观看方式和途径，到水平三要求学习如何观赏所学田径类运动项目比赛，更加注重学生综合素养的提升。举例来说，水平二要求重点掌握观赏与评价比赛的方式和途径，如可以通过现场、网络或电视等观看所学田径类运动项目的比赛，也可以观看班级内个体之间或小组之间、班级之间、年级之间、学校田径队、校外（社区）、全国或国际比赛等；水平三强调学习观赏，要求了解所学田径类运动项目的重要比赛，并能对这些比赛进行简要评价。

（二）不同水平田径类运动的学业要求

学业要求是依据该水平学业成就表现的关键特征，对照该水平学业质量的具体表现，建立起具体的知识、技能与核心素养相关联的学业质量要求，并在学校、家庭、社区等具体的情境中予以运用，体现学生经过某学期、某学年、某学段，或大单元田径类运动课程学习之后运动能力、健康行为和体育品德的综合表现。不同水平、不同维度的学业要求密切联系，相互影响，逐步提高，不可脱离主体背景来单独发展和评价某一维度。

1. 运动能力

运动能力包括体能状况、运动认知与技战术运用、体育展示或比赛三个维度。在体能状况维度，各体能水平均在其前置水平上有所提高，水平二要求体能水平有所提高，水平三要求体能水平进一步提高，水平二、水平三的基础知识，从"说出发展跑、跳、投掷能力的动作名称和练习方法"到"能描述所学田径类运动项目的动作技术要领、练习方法和比赛基本规则"，运动认知能力要求逐渐提高。在运动认知与技战术运用维度，运动技能从"在降低规则要求的情境下做出所学田径类运动项目的基本动作和简单组合动作"到"掌握所学田径类运动项目主要的基本动作技术、组合动作技术和完整动作技术"，运动技能水平要求逐步提高。在技战术运用方面，从在降低规则要求的情境下"做出"到"掌握并运用"技战术。在体育展示或比赛维度，虽然水平二、水平三都要求每学期观看不少于8次所学田径类运动项目的比赛，但在展示或比赛中呈进阶发展，水平二要求参与降低规则要求的跑、跳、投掷游戏和比赛；水平三要求按照规则参与田径类运动项目的比赛，观赏比赛时能进行简要评价。

2. 健康行为

健康行为主要包括体育锻炼意识与习惯、健康知识与技能的掌握和运用、情绪调控、环境适应四个维度。在体育锻炼意识与习惯维度，水平二、水平三的要求分别是"主动与同伴交流合作""表现出学练田径类运动项目的信心，与同伴交流合作"，从强调参与体育锻炼习惯的养成，到合作学习和探究意识的培养。在健康知识与技能的掌握和运用维度，水平二、水平三的要求从"初步树立安全意识"，到"安全地参与所学田径类运动项目的活动，能简单处理田径类运动中的轻度损伤"，两个水平的学业要求从意识的培养进阶到能力的提升与运用。通过对内容的对比和逻辑分析，对教师进行教学设计、实施和评价提出了明确要求。在情绪调控维度，稳定的情绪是有效作出判断和发挥技战术水平的重要前提，不同水平学生的情绪调控与比赛能力的发展紧密联系。从水平二要求学练有一定难度的动作时能保持情绪稳定，到水平三要求参与教学比赛时能情绪稳定，呈现出一种要求递增的层次性。在环境适应维度，从水平二要求适应跑、跳、投掷游戏和比赛的环境变化，到水平三要求适应教学比赛环境，对学生的环境适应能力要求逐渐提高，而且这种提高与学生运动能力发展是紧密联系的。

3. 体育品德

体育品德主要包括体育精神、体育道德、体育品格三个维度。《义务教育体育与健康课程标准（2022年版）》提出的体育品德学业要求围绕所学田径类运动项目的特点与功能展开，特别强调该类运动对培养学生体育精神所产生的影响，不同水平各有侧重，分别列出了各个水平应达成的学习结果。在体育精神维度，水平二要求在田径类运动项目游戏和比赛中积极进取、不怕困难、勇敢顽强；水平三要求在田径类运动项目学练与比赛中不畏困难、勇敢果断、刻苦学练。在体育道德维度，水平二和水平三则将对规则的要求融入内容要求，如"知道所学田径类运动项目游戏的基本规则和要求""了解所学田径类运动项目的比赛规则、比赛秩序和成绩测试方法"等，这在一定程度上避免了重复。在体育品格维度，水平二没有具体要求；水平三要求"能接受比赛结果"，积极思考，正确分析比赛胜负，确立更远的目标并能坚持不懈地努力。

（三）不同水平田径类运动的教学提示

《义务教育体育与健康课程标准（2022年版）》中的教学提示旨在引导教师广泛运用各种资源、选择有效教学内容、采用多样化教学方法，指导学生在学练技能、发展体能等真实情境中形成核心素养。

1. 水平二的教学提示

《义务教育体育与健康课程标准（2022年版）》根据水平二学生的身心发展规律，结合田径类运动的内容要求和学业要求，提出以下针对性教学建议：第一，以游戏为主开展教学，激发学生学练田径类运动项目的兴趣。如结合自然环境、生活实际、生产劳动、军事斗争等情境素材，运用喊数抱团儿、30米迎面接力赛、"斗鸡"、袋鼠跳接力赛、打移动靶、抛地滚球等创设游戏化教学情境。第二，重视跑与跳、跑与投掷、跳与投掷等不同动作之间的组合练习。如助跑摸高物，助跑投掷轻物，各种跑、跳、投掷组合接力赛等，突破传统单一动作技术的教学困境，提高学生运用跑、跳、投掷技能的能力。第三，设置有一定难度的跑、跳、投掷练习活动，培养学生挑战自我的体育精神。如在"跳远挑战赛"教学活动中让学生根据自己的能力选择适合的高度，努力越过起跳区前设置的不同高度的橡皮带和横杆等。第四，注意结合学生体能发展敏感期，侧重发展与所学田径类运动项目相关的体能，引导学生注意发展其他体能，促进学生体能全面发展。同时，科学安排补偿性体能学练内容。如在"双脚连续向前跳"动作技能学练中，借助"龟兔赛跑"故事情境，安排"双手撑地依次向前爬行"进行补偿性体能交替学练，提高上肢力量、身体协调性等一般体能，以及下肢力量、腰腹核心力量等专项体能，从而促进技能和体能融合发展。

2. 水平三的教学提示

水平三学生的运动能力、健康行为和体育品德有了一定提高，《义务教育体育与健康课程标准（2022年版）》结合田径类运动的内容要求和学业要求，提出以下针对性教学建议：第一，针对田径类运动技术结构相对简单、战术形式相对单一的特点，创设自主探究情境，帮助学生加深对所学田径类运动项目的理解，培养学生分析问题与解决问题的能力。例如，100米跑全程的体力如何分配？跳远时如何根据自己的体能状况和助跑跳远能力选择助跑距离？掷实心球时，全身怎样协调用力？如何增加投掷用力距离？怎样获得最适宜的出手角度？第二，通过限制学练条件、降低难度要求等方法，引导学生自主体验所学田径类运动项目的完整动作技术，使学生掌握关键技术，体验动作要领。例如，初学跳远时可以不固定起跳点或设置宽度为35～40厘米的起跳区，随着学生助跑技术的熟练和步点的稳定，逐渐缩小起跳区宽度，直到学生能准确踏板起跳为止。第三，注意采用丰富多样的教学内容和教学方法，避免田径类运动项目学习的单一枯燥，创设生动活泼的教学情境，提高学生参与田径类运动项目学练的兴趣。例如，在投掷教学中，标明投掷距离和"靶心"，让学生能看到自己掷实心球的效果和与同伴竞争的胜负。第四，重视运用安全防护措施，引导学生学习并掌握预防和处理伤害事故的方法，结合所学田径类运动项目的特点充分做好准备活动，遵守练习秩序等，培养学生安全参与运动的意识和能力。例如，在投掷学练中，教会学生运用预防和处理所学项目中伤害事故的方法，统一行动，遵守秩序等。

第六节　体操类运动内容解读

　　体操类运动是通过徒手、持轻器械或在器械上完成不同类型与难度的成套动作，充分展现身体控制能力，塑造健美形体，并具有一定艺术表现力的体育活动。体操类运动是义务教育阶段体育与健康课程的重要内容。《义务教育体育与健康课程标准（2022年版）》将体操类运动项目分为两类：一类是技巧与器械体操（如支撑跳跃、技巧运动、低单杠运动等），其特点是身体做出支撑、倒置、滚动、旋转、跳跃、翻腾、环绕、伸展等动作；另一类是艺术性体操（如韵律操、健美操等），其特点是伴随音乐展现节奏明快、刚劲有力、舒展优美的动作。从体操类运动项目的主要特点出发，充分认识此类运动项目的育人价值，深入理解课程标准的要求，对明确体操类运动的学习目标、提高教学质量、培养学生核心素养具有重要作用。

一、体操类运动的主要特点和育人价值

　　学生参与体操类运动的学练，能有效促进身体各器官、系统的协调发展，提高生理机能和身体生长发育水平；塑造良好的体态和优美的身姿，培养空间感知能力和方位感知能力；体验合作交流、互帮互学的乐趣，发展同伴之间的友情；培养勇敢、果断、坚强、自信等优秀品质。

（一）体操类运动的主要特点

1. 稳定性与掌控性

稳定性是指人体长时间保持某一运动状态或多种运动状态的能力。掌控性

是指人体对运动状态的控制能力。在体操类运动中，人体会随着运动的不同出现多和状态，如动态与静态、高重心与低重心、空中与地面、操控器材与徒手等，但所有状态都要经由人体操控才能够持久，这需要运动者具有稳定能力与掌控能力，尤其是稳定能力。例如，完成单杠、双杠等项目动作时，需要较强的肌肉力量和骨骼支撑，以维持身体在静态、动态、旋转等动作过程中的操控稳定性；完成球操、带操等器械体操类动作时，需要较高的掌控能力，以维持身体平衡和掌握器械。

2. 准确性与方位性

准确性是指人体做出某一动作或维持某一运动状态时的准确程度。方位性是指人体准确感知肢体空间位置的能力。在体操项目学练过程中，方位感知是动作准确完成的基础。方位性又可分为自适应方向性和固定方向性，两者的不同在于自适应方向性可以更准确地感知肢体在空间位置上的细微变化，从而维持动作的准确度。

体操类运动中的翻、滚、撑、爬等技巧动作，各种器械类体操，以及支撑、倒置、滚动、旋转、跳跃、翻腾、环绕、伸展等动作，对学生动作的准确性和方位性发展有重要的帮助。这些技巧和动作不仅能够增强学生身体控制的稳定性，还能提高学生的动作准确性、方位意识、时空概念。

3. 审美性与创造性

审美性是人们审美意识的集中体现，动作之美凝聚着人们劳动智慧的结晶。创造性是人们的思维或实践活动具有的创新特性。体操类运动多变的动作、节奏、力度等能激发学生的创造意识。体操类运动的审美性既体现在运动过程中，也体现在各种造型上。一方面，体操类运动具有丰富的运动路线、优美的运动姿态、和谐的运动节奏、协调的姿态配合等特征，充分体现了运动美、形体美、节奏美、音乐美和表情美，人体与动作的完美配合，具有很强的审美性。另一方面，体操类运动的动作组合和创编艺术较为突出，其学练过程能激发学生的想象力，促使学生别出心裁地创造新颖的动作或姿态。此外，韵律操动作刚劲有力、舒展大方，节奏感欢快鲜明、活力四射，对形体的改善效果突出，被称作塑造形体的体育项目。韵律操、艺术体操等还具有很大的自主性和选择性，练习者可以根据音乐节奏自主选择动作进行表演或创编动作进行表演。

（二）体操类运动对培养学生核心素养的意义和价值

1. 对培养运动能力的意义和价值

相对于其他运动项目，体操类运动的动作结构和动作方向都较为精细且复杂，因此能较好地提升神经系统对肢体的控制和协调能力，提高学生的神经系统机能和基本运动能力，发展学生对身体的认知能力。体操类运动项目在速度、节奏、方向、空间、时间上具有多变性，需要身体灵敏、多肢体协调配合以及合理的动作速度控制才能完成，对学生体能的发展既有全面性又有针对性。体操类运动项目的学习对提高学生的基本运动技能、体能、专项运动技能水平具有重要作用。

2. 对培养健康行为的意义和价值

体操类运动项目对培养学生的健康行为的作用主要体现在四个方面：第一，体操类运动项目类型多样，因此锻炼效果全面；一般搭配音乐伴奏，可以让学生在运动中体验快乐，有利于培养学生良好的运动兴趣和活泼开朗的性格。第二，体操类运动可以增强学生的注意力、判断力，提高学生对体态、体形的认识，提高学生的思维品质和审美意识。第三，在小组或班级展示、比赛中，体操类运动可以帮助学生掌握与人交往的技巧，体验与同伴并肩作战的各种感受，进而促进学生有效调节个人情绪，提高自信心，增强抗压力。第四，体操类运动中的技巧和低单杠项目练习常常需要团队协作，这给学生提供了互帮互助的机会，对促进人际交往、增进社会适应能力具有重要意义。综合来看，体操类运动项目的学习对培养学生的运动安全意识有积极作用，有利于全面培养学生的健康行为。

3. 对培养体育品德的意义和价值

体操类运动对培养学生的体育品德具有重要价值，主要体现在三个方面：第一，在体育精神方面，学生学练技巧组合动作和器械体操动作时，会遇到具有一定难度和挑战性的动作，克服困难、完成动作的过程有利于培养学生积极进取、不怕困难、坚持到底、团队合作等体育精神。第二，在体育道德方面，体操类运动项目规则严谨，需要学生按规则参加比赛，按要求完成动作，按评分标准优化动作。学练体操类运动项目有利于培养学生遵守规则、尊重裁判、尊重对手、诚信自律、公平竞争等体育道德。第三，在体育品格方面，参与技巧组合和韵律操等动作的学练，需要学生不断创新，大胆展示自我，进行团队合作，这对培养学生的自尊自信、社会责任感等具有重要作用。此外，参与体操类运动项目的展示或比赛，可以很好地培养学生的自尊自信、文明礼貌、责任意识、正确的胜负观等体育品格。

二、体操类运动的内容要求、学业要求和教学提示

基于学生身心发展和体操类运动的特点与价值，《义务教育体育与健康课程标准（2022年版）》依据课程目标，以及各水平之间的进阶、递进和延伸，分别列出了不同水平体操类运动的内容要求、学业要求和教学提示，以帮助体育教师更好地理解相应的课程内容并有效开展教学。

（一）不同水平体操类运动的内容要求

《义务教育体育与健康课程标准（2022年版）》按照水平层次从基础知识与基本技能、技战术运用、体能、展示或比赛、规则与裁判方法、观赏与评价六个维度提出了体操类运动的内容要求，引导学生知道、理解、掌握、运用这六个维度的内容，是发展学生核心素养的基础。

1. 基础知识与基本技能

在体操类运动基础知识的习得上，水平二要求通过学练能说出所学体操类运动项目的相关动作术语，知道参与体操类运动对身心健康的益处和安全防护知识，学习和体验前滚翻、后滚翻、仰卧推起成桥等动作，能够安全地进行运动等。在此基础上，水平三要求能够描述基本要领，了解所学体操类运动项目的相关知识和文化，如在低单杠"跳上成正撑—前翻下"等。此外，还要逐步掌握安全防范技能，如自我保护能力和安全运动行为，了解技巧运动动作技术

的知识和文化以及常见技巧运动损伤的处理方法等。这不仅要求学生掌握知识和技术，更指向学生学习和理解体育文化，提高学以致用能力，对发展学生的核心素养具有重要意义。

在体操类运动基本技能的习得上，水平二要求学生在游戏情境中学习和体验基本动作和简单组合动作，重点关注动作学习过程中的完整体验，不过分苛求对技术细节的强化，能完成多个基本动作并进行初步衔接和组合。如在技巧运动教学中应重点学练前滚翻、后滚翻、仰卧推起成桥等单个基本动作，以及前滚翻交叉转体起立、后滚翻交叉转体接挺身跳等基本组合动作。水平三注重基本技术和组合技术的学练，以组合动作练习为主，适当提高技术的难度与质量。此外，水平三还要求将水平二已学的基本动作或组合动作进行有效、合理的组合和串联，使课程内容衔接递进，体现进阶性。如学生在水平二学习了前滚翻技术动作，应在水平三增加技巧学习难度，可以学练前滚翻成直腿坐—后倒—仰卧推起成桥、侧手翻—直立转体—燕式平衡—挺身跳等组合动作。

2. 技战术运用

在技战术运用维度，水平二要求能够完成多个动作组合练习，重点突出基本动作技术在游戏中的运用，为学生创设多样化的独立或合作练习情境，围绕所学的基本动作技术、专门性练习的衔接与组合设计游戏，增加练习的趣味性，引导学生参与学习和体验，完成技术动作的运用。如学习前滚翻后，在比一比谁团身紧、谁滚动路线直等情境中进行运用。水平三更加注重动作技术的简单组合创编和组合动作的合理运用。一方面，要求学生能根据技术动作的规格、节奏、连贯性等特点，将已学的单一动作技术进行简单组合，创编新的练习并运用到个人、小组或班级练习中；另一方面，教师应引导学生根据实际情况合理选择组合动作技术，加强学生对完整动作的体验和感受，同时拓展技战术运用的广度。

3. 体能

在体能维度，水平二要求知道所学体操类运动项目需要的体能简单学练方法，并乐于参与体能游戏，如通过俯卧撑、仰卧起坐、低单杠跳上成支撑等动作的练习，发展上下肢、腰腹肌肉力量等一般体能；通过横／纵叉、仰卧推起成桥、前滚翻、韵律操的基本步伐等动作的练习，发展上肢和腰腹肌肉力量以及柔韧性、弹跳力等专项体能。水平三要求在所学体操类运动项目中加强体能学练。一方面，教师可以引导学生进一步了解体能相关原理及练习方法，并通过专项体能课、每堂课10分钟的补偿性体能学练、展示或比赛等方式不断发展学生体能；另一方面，教师要不断激发学生的体能学练兴趣，引导学生积极主动地参与多样的体能学练与游戏，实现由"要我学"到"我要学"的转变。

4. 展示或比赛

展示或比赛是落实体育与健康教学中"常赛"要求的关键。在展示或比赛维度，水平二要求在小组和班级内敢于展示所学体操类运动项目的基本动作，知道展示这些动作的具体要求，初步学会展示前和结束时的礼仪。教师要引导学生通过展示初步学会礼仪，提高自信心，形成敢于表现自我、展示自我的勇气，表现出健与美的活力等。水平三更关注学生展示所学体操类运动项目时需要的基本要素、礼仪等，强调完成动作技术的正确与规范，表现出良好的身体和精神状态，以获得高质量的展示或比赛效果。如在技巧运动与低单杠运动教学中，通过"挑战赛""展示赛"等形式不断提高学生学以致用的能力。此外，必须明确告诉学生具体行为表现的评价要点，鼓励学生进行自评和互评，通过展示或比赛提高学生的基础知识与基本技能水平、技战术运用能力、一般体能与专项体能，以及欣赏体操类运动的能力，引导学生发展与同伴交流合作的能力。

5. 规则与裁判方法

在规则与裁判方法维度，水平二要求知道所学体操类运动项目游戏的基本规则和要求，能基本判断动作的对错并尝试进行打分。教师应通过学练环节渗透关于动作完成情况的规则与裁判方法、上下场礼仪、服装等易于理解的知识；通过课堂展示环节，重点关注动作的完整性、准确性，设计简单、明确的评价点，引导学生判断动作的对错，并尝试进行打分。如通过学习低单杠跳上成支撑，知道在展示过程中关注握法、摆动、转体和下法等方面的基本规则和要求。水平三要求了解所学体操类运动项目的比赛规则与裁判方法，能担任组内展示或比赛的裁判。例如，在韵律操项目中，需了解着装搭配合理、动作与音乐协同、韵律动作的节奏把控、比赛的相关礼仪，以及展示或比赛的规则要求和评判要点，并以此为依据简要评价小组动作的完成质量。

学生习得规则与裁判方法的主要途径：通过对课堂展示或比赛环节评价点的理解、掌握和运用；通过对专门的理论知识进行讲述和分析。此外，教师还可以通过布置课后作业，要求学生以小组为单位收集、学习规则与裁判方法的相关知识，在课堂上交流、汇报；让学生在比赛展示课、课堂比赛展示环节中担任裁判员、评论员等角色，引导学生对他人的展示或比赛作出公正的评判。

6. 观赏与评价

观赏与评价重在促进学生体操类运动文化素养的全面提升，引导学生观赏所学体操类运动项目的比赛或表演。水平二强调对课内展示环节的评析，引导学生理解观赏和评析的要点。教师可以通过课上比赛或表演观赏、课后作业布置、校内赛事、大单元教学的小赛季等途径引导学生对所学体操类运动项目进行简单评价，增强学生观赏、简单评价比赛的意识与能力，逐步提高学生对具体运动的认知水平。水平三注重学生如何观赏比赛或表演以及如何对比赛进行评价。教师要引导学生利用课堂、网络新闻、电视转播等途径了解体操类运动的重要赛事，通过分析、判断、思考对观赏的赛事进行评价，培养学生爱观赛、会观赛、观赛有感的体育文化行为习惯。

（二）不同水平体操类运动的学业要求

《义务教育体育与健康课程标准（2022年版）》按照水平层次从运动能力、健康行为、体育品德三个方面提出了学业要求。教师理解这些学业要求对于把握体操类运动内容应该教到什么程度，以及学生要达到什么表现水平非常重要。

1. 运动能力

运动能力包括体能状况、运动认知与技战术运用、体育展示或比赛三个维度。在体能状况维度，各水平均要求在前一水平的基础上不断提高，并在水平三达到能够在展示或比赛中表现出较充沛的体能。在运动认知与技战术运用维度，水平二要求做出所学体操类运动项目的基本动作和简单组合动作，说出所学体操类运动项目的相关动作术语；水平三要求掌握所学体操类项目主要的基本动作技术和组合动作技术，并能描述所学体操类运动项目的动作技术要领和练习方法。在体育展示或比赛维度，水平二、水平三均要求每学期观看不少于8次所学体操类运动项目的比赛；各水平的展示或比赛呈进阶式发展。水平二要求把所学体操类运动知识与技能运用到游戏和展示中；水平三要求学生运用基本动作技术和组合动作技术参与小组、班级的展示或比赛，能描述所学体操类运动项目的比赛基本规则，并能对所学体操类运动项目的比赛或表演进行简要评价。

2. 健康行为

健康行为包括体育锻炼意识与习惯、健康知识与技能的掌握和运用、情绪调控、环境适应四个维度。在体育锻炼意识与习惯维度，水平二到水平三体现出乐于参与体操类运动项目学练到积极参与的进阶。在健康知识与技能的掌握和运用维度，水平二要求能做出自我保护、相互保护与帮助的动作；水平三要求认真做好准备活动，初步形成安全运动的行为习惯。在情绪调控维度，水平二要求学练有一定难度的体操类运动项目时，情绪比较稳定；水平三要求进一步提升情绪的稳定性。在环境适应维度，水平二没有具体要求；水平三要求积极与同伴交流，能在学练之前检查体操器械与场地安全。

3. 体育品德

体育品德包括体育精神、体育道德和体育品格三个维度。在体育精神维度，水平二要求敢于在同伴和团队面前展示自己的动作；水平三要求充满信心，积极进取，勇敢顽强，不怕挫折。在体育道德维度，水平二要求按照要求进行学练，能与同伴合作；水平三要求按照规则和要求参与所学体操类运动项目的展示或比赛，表现出遵守规则、服从裁判、公平竞争。在体育品格维度，水平二要求表现出面对与克服困难的勇气；水平三对学生的信心方面提出了更高要求，要求充满信心，积极进取，勇敢顽强，不怕挫折。

（三）不同水平体操类运动的教学提示

教学提示可以帮助体育教师将体操类运动的内容要求和学业要求转化为学生学习活动的教学指导，使教学活动成为促进学生核心素养发展的过程。不同水平的教学提示根据课程理念、水平目标和学生实际情况提出，是教师在课堂教学中落实课程标准要求的重要抓手。

1. 水平二的教学提示

水平二的体操类运动教学主要突出知识与技能的学习和体验，对体操类运动基本技术的要求较低。水平二的体操类运动教学强调三点：第一，根据学生的身心发展规律，教师在教学中可采用降低动作难度、分解练习、动作迁移、情境练习等游戏化和辅助性教学手段，帮助学生体验体操类运动项目的滚动、伸展、支撑、跳跃等动作姿态，激发学生参与学练的兴趣。第二，根据学生的动作发展特点，教师可以合理创设特定的教学情境，如游戏闯关、竞赛挑战等目标明确的教学情境，帮助学生有效学习。第三，根据体操类运动项目挑战性和危险性相对较高的特点，教师应首先培养学生安全运动的意识，引导学生在保护与帮助时正确选择站位、明确保护位置、助力部位准确、助力时机恰当、助力力度适度等。此外，还要强调通过体操类运动培养学生的团队协作意识，鼓励学生与同伴一起参与练习，引导学生正确和客观地评价同伴的表现，并认可同伴对自己的帮助等，增强学生关心他人的意识。

2. 水平三的教学提示

在水平二学习体验的基础上，水平三的体操类运动教学强调五点：第一，要促进学生身体感知能力和控制能力的提高。教师在教学中应引导学生体验躯干的转动、屈伸、环绕，上肢的摆动、举、伸、屈、振、环绕，下肢的跳、蹲、踢等身体感受；帮助学生体验在做平衡、滚动、支撑、悬垂及转体动作时对身体的控制等。第二，技巧组合动作的学练应注重动作技术之间的关联性，加强单个动作之间衔接的流畅性和节奏感，增强对项目的完整体验。第三，培养学生学以致用的能力。教师在教学中应加强动作技术与生活的联系，引导学生结合学习和生活中的问题解决来获得更深入的运动体验。第四，培养学生的创新意识和能力。教师在教学中应引导学生进行探究学习，主动创编并展示新学的组合动作技术；运用现代信息技术手段开展教学，培养学生的信息素养以及分析问题和解决问题的能力。第五，培养学生的学习和评价能力。教师在教学中要为学生提供更多机会展示所学体操类运动项目的学习成果，并引导学生进行相互评价，促进学生学会学习和评价。

第七节 水上或冰雪类运动内容解读

水上或冰雪类运动是人们在水环境或冰雪环境中开展的体育活动。水上或冰雪类运动不同于旱地运动，具有独特的环境特征。水上或冰雪类运动能够发展学生在水环境或冰雪环境中的快速适应能力，提高学生的肌肉力量、心肺耐力、位移速度、协调性和平衡能力，培养学生克服困难、勇往直前、坚韧不拔、挑战自我的体育精神，对培养全面发展的人具有独特价值。水上或冰雪类运动作为《义务教育体育与健康课程标准（2022年版）》规定的专项运动技能内容之一，主要分为两类：一类是水上运动项目，如蛙泳、自由泳、仰泳、蝶泳等；另一类是冰雪运动项目，如速度滑冰、高山滑雪、冰球等。水上或冰雪类运动对于培养学生的核心素养具有重要价值。本节将从水上或冰雪类运动的主要特点和育人价值，以及内容要求、学业要求和教学提示等方面对《义务教育体育与健康课程标准（2022年版）》的相关内容进行解读。

一、水上或冰雪类运动的主要特点和育人价值

水上或冰雪类运动具有运动环境低温性、体能挑战极限性、生存生活保障性等特点。了解、掌握水上或冰雪类运动的主要特点和育人价值，在教学中将育体与育心融为一体，培养学生的核心素养，对于贯彻《义务教育体育与健康课程标准（2022年版）》的精神，落实立德树人根本任务，促进学生身心健康发展具有重要意义。

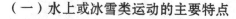

（一）水上或冰雪类运动的主要特点

1. 运动环境低温性

水环境和冰雪环境都属于低温环境，水上或冰雪类运动因此具有独特的健身功效。一般泳池水的温度比人的体温低10℃～15℃，而水的导热能力大约是空气的25倍。人体进入水中后，体温散失速度会大大加快，为防止体温过低，身体必然要产生更多的热量来维持体温恒定。经常进行水上运动，可以改善人体的体温调节能力，提高人体对外界温度变化的适应性，提升新陈代谢能力，增强身体抵抗力。

冰雪运动一般在户外的寒冷环境中进行，低温环境会刺激人体，体表感受到的冷刺激会立即传入神经中枢，作用于皮下毛细血管，使血管收缩，大量血液因此回流到心脏，起到保持体温、减少散热的作用，从而提高神经系统对体温的调节功能，增加人体的抗寒能力。

2. 体能挑战极限性

水上或冰雪类运动项目多为竞速类周期性运动。短距离的游泳和冰雪滑行是对速度极限的挑战，这种挑战可以激发人们的冒险精神，并提高人体的爆发力、肌肉力量、位移速度、协调性和平衡能力；长距离的游泳和冰雪滑行能够显著提升人体的心肺耐力、肌肉力量和肌肉耐力，对人体的心血管系统和呼吸系统具有较大的锻炼功效，经常参加长距离的游泳和冰雪滑行能够有效挑战体能极限，从而全面提升体能水平。

3. 生存生活保障性

生活于江、河、湖、海附近的古代人为了生存，需要在水中捕捉鱼类等食物，通过观察和模仿鱼和青蛙等动物在水中游动的动作，逐渐学会了游泳。人类社会发展到今天，人们无论下水游泳或进行水上作业，还是偶然失足落水或乘船发生意外等，如果不会游泳，生命就会受到威胁。同时，会游泳的人不但可以自救，还有可能救人。由此可见，游泳从古至今都是人类保障生存生活的重要手段之一。

冰雪运动同样具有悠久的历史。古代生活在寒冷地区的人们为了生存学会了利用器械在雪上滑行和在冰封的江、河、湖泊中滑行。久而久之，滑冰和滑雪渐渐成为古代生活在寒冷地区的人们重要的交通和运输手段，这种基于生产和生活需要的活动伴随着社会的发展和进步，逐渐演变成现在的冰雪运动。

（二）水上或冰雪类运动对培养学生核心素养的意义和价值

水上或冰雪类运动教学要贯彻"健康第一"的指导思想，以发展学生核心素养为引领，把握课程内容特征，发挥水上或冰雪类运动的育人功效，促进学生的全面发展。水上或冰雪类运动除了与其他类运动具有共同的育人价值和能力要求外，对培养学生的运动能力、健康行为、体育品德也具有独特的意义和价值。

1. 对培养运动能力的意义和价值

在运动能力方面，无论冰雪运动中的速度滑冰、短道速滑、冰球、越野滑雪，还是常见水上运动中的蛙泳、自由泳等，都是主要借助下肢力量完成技术动作的运动，对发展下肢肌肉力量有很好的作用；1000米以下的速度滑冰、短道速滑、蛙泳、自由泳以及高山滑雪等项目要求人体在尽量短的时间内达到最大速度，能有效发展学生在冰雪上和水中的快速移动能力；长距离长时间的水上或冰雪类运动，包括200米以上的蛙泳、自由泳、仰泳和1000米以上的速度滑冰和短道速滑以及越野滑雪等项目，能有效发展学生的心肺耐力和肌肉耐力；冰球运动对于学生运动能力的促进较为全面，既能培养快速移动能力、灵敏性，还能发展肌肉力量、肌肉耐力和心肺耐力；水上或冰雪类运动项目中由手脚协同配合完成的运动，能够发展学生的协调性，提高机体协同运动能力；速度滑冰、短道速滑、冰球、高山滑雪、越野滑雪等项目需要穿戴器械完成运动，并且站立的冰面和雪面较为光滑，对身体控制能力的要求很高，能很好地发展学生的平衡能力。学生在持续学练速度滑冰、高山滑雪和蛙泳、自由泳等水上或冰雪类运动项目的过程中，能够有效和全面地提高力量、速度、耐力、灵敏性、协调性等一般体能和专项体能。学生利用掌握的水上或冰雪类运动项目的完整动作技术进行展示或比赛，可以提高学生对水环境或冰雪环境的适应能力，增强学生在水环境或冰雪环境中的运动能力。

2. 对培养健康行为的意义和价值

在健康行为方面，学生在体育课堂上学会蛙泳、自由泳、仰泳等泳姿，不仅可以将游泳作为一生的健身手段，还可以在危难时自救或救人。冰雪环境温度较低，学生在冰雪环境中持续学练速度滑冰、短道速滑、冰球和高山滑雪、越野滑雪等项目的技能能够显著增强耐寒能力，提高机体免疫力。同时，滑冰和滑雪还是学生进行自我锻炼、自我休闲和自我娱乐的手段，有助于学生养成良好的锻炼习惯和健康的生活方式。水上或冰雪类运动能够缓解人的精神压力和紧张感，有利于情绪调控，对学生心理健康有较好的促进作用。不同运动环境的变化，还有助于提高学生的身心适应能力。

3. 对培养体育品德的意义和价值

在体育品德方面，学生初学蛙泳、自由泳、仰泳等水上运动项目时要克服怕水、怕呛水的心理障碍。冰雪类运动中的高山滑雪等项目需要学生战胜令其恐惧的高速度，掌握在较陡坡面上完成转弯、停止、跳跃等动作的技能，这些运动技能的学练需要较高的胆量，从而可以培养学生勇敢顽强的品格和战胜自我的体育精神。冰球运动速度快、身体对抗性强，需要团队协同作战，学生经常进行冰球运动能够培养勇敢、顽强、拼搏的体育精神和团队精神。学生进行速度滑冰、短道速滑、高山滑雪、越野滑雪等冰雪项目时所处的环境较为寒冷，学生长时间在寒冷条件下学练这些项目，能够培养勇往直前、坚韧不拔的意志品质。学生在学练游泳项目和滑冰、滑雪、冰球等项目的过程中，要学习基本的动作规范和比赛规则。学生参与不同形式的比赛能够培养规则意识，并以规则为准绳，秉持诚实、公平、公正的良好态度，尊重对手，服从裁判。学生经常参加水上或冰雪类比赛会认识到规则的重要性，从而培养自觉遵守社会行为规范、诚信自律、公平竞争、相互尊重的良好品德。

二、水上或冰雪类运动的内容要求、学业要求和教学提示

依据《义务教育体育与健康课程标准（2022年版）》的教学建议，水上或冰雪类运动的教学可以从3年级开始。其中，3～6年级至少选择1个水上或冰雪

类项目，完成至少18课时的学练；7～8年级没有对水上或冰雪类项目提出必学要求，但是如果选择了水上或冰雪类运动中的1个运动项目，原则上需要进行1个学期的学练。各年级各水平在前期学习的基础上，进行一定层次的进阶、递进和延伸。下文将从内容要求和学业要求两个方面分别解读不同水平水上或冰雪类运动的总体要求，并结合不同水平学生的身心发展特点和水上或冰雪类运动项目的知识与技能掌握情况，对教学提示进行解读。

（一）不同水平水上或冰雪类运动的内容要求

《义务教育体育与健康课程标准（2022年版）》中水上或冰雪类运动的内容主要包括基础知识与基本技能、技战术运用、体能、展示或比赛、规则与裁判方法、观赏与评价六个维度。这六个方面的具体内容可通过大单元学习主题或任务进行统整，形成结构化的教学内容体系。学校可以根据场地、器材、师资等的实际情况，同时结合学校管理机构、社会组织、社区等能够给予的资金、场地和师资支持，选择1个水上或冰雪类运动项目或项目组合（由2个水上运动项目或2个冰雪类运动项目组合而成）开展教学。教师可以根据学校的条件和学生的能力水平对所学水上或冰雪类运动项目的内容和难度进行适当调整。

1. 基础知识与基本技能

水平二阶段基础知识的习得重点关注的是水上或冰雪类运动项目的基础知识，如动作术语、项目的起源与发展、健身价值、安全行为守则等。随着年龄的增加，学生的心智和认知水平逐渐发展，同时随着运动技能水平的升高，学生对运动项目的认知也不断加深。水平三要求能够描述水上或冰雪类运动项目主要的基本动作技术和组合动作技术的基本要领，了解所学运动项目的相关知识和文化，以及常见运动损伤的处理方法。

在水上或冰雪类项目基本技能的习得上，由于学生刚刚接触水环境或冰雪环境，需要先从适应环境开始。因此，水平二主要是学习和体验基本动作和简单组合动作，逐渐过渡到水平三学练所学项目主要的基本动作技术和组合动作技术。以速度滑冰为例，水平二可以学习和体验冰上站立、行走、滑行、停止等动作；水平三逐渐过渡到学练直道滑跑、弯道滑跑等主要的基本动作技术和组合动作技术，并描述基本要领。

2. 技战术运用

水平二是水上或冰雪类运动项目的入门阶段，以学习体验为主，所以着重强调在游戏中对基本动作和简单组合动作的运用。教师应结合环境特点创设趣味性的学练情境，提高学生参与学练的兴趣。水平三在水平二的基础上，更加注重所学水上或冰雪类运动项目主要的基本动作技术和组合动作技术较为完整的体验。例如，教师可以在速度滑冰50米和100米单人或小组间竞速赛中应用起跑、直道滑跑和摆臂动作组合，让学生体验速度滑冰短距离滑跑的蹬冰和滑行感受。

3. 体能

水平二强调知道所学水上或冰雪类运动项目需要的体能简单学练方法，喜欢并且能积极参加水上或冰雪类运动的多种趣味性体能游戏活动。此阶段以发展学生的一般体能为主，教师可以将陆上和冰上、雪上、水中体能学练方法结合起来，采用游戏和比赛的形式，引导学生积极参与体能学练。水平三对学生的体能提出了更高的要求，注重在所学水上或冰雪类运动项目中加强体能练习。此阶段配合运动项目的学习，学生的体能进入专项体能发展阶段，在加强一般体能练习的基础上，需要考虑运动项目的体能要求，如进行速度滑冰练习时可以通过不穿冰鞋的陆上横向跨跳练习发展专项速度和力量。

4. 展示或比赛

展示或比赛是体育运动的精髓所在，学生只有在展示或比赛中才能领悟到运动的真谛。结合学生的身心发展特点，水平二注重在所学水上或冰雪类运动项目的游戏中敢于展示运动技能，重在激发学生参与比赛的兴趣。水平三逐渐过渡到强调在水上或冰雪类运动项目比赛中做出正确、规范的动作。随着水平的提高，展示或比赛的形式逐渐正规化，对技战术的要求也逐渐提高。以速度滑冰为列，水平二可以进行班级内推冰滑车接力赛、双人30米追逐赛等；水平三可以运用直道滑跑动作技术进行班级内个人100米竞速赛、小组接力赛等。

5. 规则与裁判方法

规则与裁判方法的学习应结合展示或比赛来完成。水平二要求知道所学水上或冰雪类运动项目游戏的基本规则和要求，能指出所学项目游戏中违反规则的行为，并尝试进行判罚。水平三则过渡到了解所学水上或冰雪类运动项目比赛的基本规则和裁判基本知识，能对常见犯规动作进行判断与判罚。从"知道"到"了解"，学生对于游戏和比赛规则的认知逐渐加深；从"尝试"到"能够"判罚，学生对规则的掌握也在逐渐加深。

6. 观赏与评价

观赏与评价比赛是了解水上或冰雪类运动项目的最好方式之一。不同水平都要求每学期观看比赛的次数不少于8次，从水平二的"知道"观看方式和途径过渡到水平三的"学习"如何观赏比赛。

（二）不同水平水上或冰雪类运动的学业要求

《义务教育体育与健康课程标准（2022年版）》规定了不同水平水上或冰雪类运动的学业要求，为教师有效教学、学生积极学习及学习评价指明了方向。水上或冰雪类运动的学业要求从运动能力、健康行为、体育品德三个方面进行观测和评价。

1. 运动能力

运动能力部分的学业要求主要体现在体能水平、运动认知与技战术运用、体育展示或比赛三个维度。在体能水平维度，从水平二到水平三，体能水平的要求逐级提高，以便学生能进行长距离、有难度的运动，实现以充沛的体能完成运动项目比赛的目标。在运动认知与技战术运用维度，水平二要求在简化规则、降低要求的游戏中运用运动项目的基本动作和简单组合动作，并说出所学水上或冰雪类运动项目的基本术语；水平三要求将掌握的运动项目主要的基本动作技术和组合动作技术运用到比赛中，并能描述所学水上或冰雪类运动项目相关器材的使用和保护方法，以及比赛的基本规则。在体育展示或比赛维度，水平二、水平三均要求每学期观看不少于8次所学水上或冰雪类运动项目的比赛，对展示或比赛中的评价要求逐渐提高。水平二注重在游戏和展示中运用所

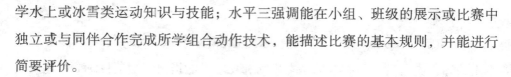
学水上或冰雪类运动知识与技能；水平三强调能在小组、班级的展示或比赛中独立或与同伴合作完成所学组合动作技术，能描述比赛的基本规则，并能进行简要评价。

2. 健康行为

健康行为主要包括体育锻炼意识与习惯、健康知识与技能的掌握和运用、情绪调控、环境适应四个维度。在体育锻炼意识与习惯维度，水平二要求乐于参与所学水上或冰雪类运动项目；水平三要求能运用所学水上或冰雪类运动项目在相应环境中进行体育锻炼。在健康知识与技能的掌握和运用维度，水平二要求能按照水上或冰雪类运动的注意事项安全地参与运动；水平三要求表现出安全运动意识，能运用简单方法处理运动损伤。在情绪调控维度，水平二要求在参与水上或冰雪类运动项目的过程中做到情绪稳定；水平三要求在学练水上或冰雪类运动项目的过程中表现出情绪调控能力。在环境适应维度，水平二要求能与同伴交流、协作完成各种活动，能适应水上或冰雪环境；水平三要求运用所学水上或冰雪类运动项目在相应环境中进行体育锻炼的过程中表现出交往与沟通能力。

3. 体育品德

体育品德主要包括体育精神、体育道德、体育品格三个维度。在体育精神维度，水平二强调在参与所学水上或冰雪类运动项目的过程中，不怕呛水，不怕摔倒，勇敢顽强；水平三则强调按照规则和要求参与所学水上或冰雪类运动项目的比赛，能团结合作，敢于尝试，努力拼搏，勇往直前。在体育道德维度，水平二没有具体要求；水平三强调按照规则和要求参与所学水上或冰雪类运动项目的比赛。在体育品格维度，水平二和水平三没有具体要求。

（三）不同水平水上或冰雪类运动的教学提示

《义务教育体育与健康课程标准（2022年版）》规定了每个水平的内容要求和学业要求，在此基础上又为教师开展教学提供了教学提示，从教学内容、教学顺序、教学情境、体能学练、教学资源、教学方法等方面给予提示性指导，帮助教师更好地贯彻教学内容，使学生达到学业要求。

1. 水平二的教学提示

水平二强调水上或冰雪类运动项目知识和技能的学习和体验。教师在教学中要注意以下五点：第一，学生的年龄尚小，对运动技能的学习更倾向于娱乐的体验。教师创设的水上或冰雪类运动项目活动情境应符合这个年龄段学生的心理，如创设水上乐园、水上堡垒、冰滑梯、雪城堡、冰爬犁等情境，以便激发学生的参与兴趣，帮助学生更快地适应水环境和冰雪环境。第二，在初学阶段，由于学生对技能的掌握还不熟练，对身体的控制能力还无法达到自如的程度，因此，教师可以借助一些辅助器材帮助学生学练运动技能，如利用冰滑车、浮板、游泳圈等帮助学生体会冰上滑行、水中浮体和游进。第三，教学安排应遵循先旱地后水中（或冰雪上）、先原地后移动的教学顺序，如引导学生学习冰上运动时，让学生先在旱地上进行动作模仿练习，再穿冰刀上冰，体验冰上原地站立，之后再进行冰上滑行，帮助学生消除惧怕心理。第四，每节课要有针对性地安排学生进行最少两个项目的组合体能学练，此阶段的重点是发展学生的协调性和平衡能力。第五，将安全放在首位，第一课应进行安全知识和行为规范教育，提醒学生在水环境和冰雪环境中哪些行为是危险的，以及可能导致的后果，从而帮助学生建立安全意识，教会学生简单的自我保护方法。

2. 水平三的教学提示

水平三强调水上或冰雪类运动项目知识和基本动作技术、组合动作技术的学习。教师在教学中要注意以下五点：第一，单元计划安排要注意先进行基本动作技术学练，再进行组合动作技术学练，如在学生学会水上运动腿部动作的基础上，引导学生逐渐增加手臂运动和呼吸，先进行慢速游进，待熟练后再进行快速游进，逐步提高学练难度，增强学生的自信心。第二，水上或冰雪类运动项目与旱地运动项目的运动环境不同，水上运动项目会涉及水的浮力、压力和阻力，冰雪运动项目会涉及摩擦力、离心力等，教师可以利用所学运动项目的资源创设特定的学练情境，发展学生的跨学科学习能力，如在水上运动项目中结合力学知识，引导学生分析问题，提升解决问题的意识和能力。第三，当学生掌握蛙泳的游进、速度滑冰的滑行、高山滑雪的滑降和转弯技能后，教师可以设计不同距离、不同人数的比赛，鼓励全员参与，让学生体验团队密切合作和竞争带来的情绪体验，感受运动项目的魅力，体验运动乐趣。第四，专项运动技能水平的提高，对于专项体能的要求也随之升高。水上或冰雪类运动项目对于下肢力量的要求较高，需重点发展学生的下肢肌肉力量和肌肉耐力，通过上下肢的配合发展协调性，同时还要进行补偿性体能学练，如发展上肢力量和核心力量。第五，引导学生利用现代信息技术手段相互拍摄所学水上或冰雪类运动项目的动作视频，并进行相互指导与评价。这不仅能够培养学生的动作技能分析能力，提升运动技能水平，还可以培养学生互帮互助、共同进步的意识。

第八节　中华传统体育类运动内容解读

中华传统体育类运动起源于生产劳动、典礼祭祀、军事战争、娱乐健身等，是经过历代传承、具有浓厚民族文化色彩和特征的体育活动。《义务教育体育与健康课程标准（2022年版）》中的中华传统体育类运动项目可分为武术类运动项目（如长拳、形意拳、八卦掌、中国式摔跤、太极拳、射箭、射弩等）和其他民族民间传统体育类运动项目（如舞龙、舞狮、摇旱船、跳竹竿、赛龙舟、荡秋千、抢花炮、珍珠球、毽球、蹴球等）。中华传统体育类运动对于培养学生的中华民族认同感、文化自信等方面具有重要作用。

一、中华传统体育类运动的主要特点和育人价值

中华传统体育类运动项目众多，在其漫长的发展过程中一直深受中华传统文化的影响。该类运动地域特色鲜明，技法形式多元，融健身养生于一体，文化形态多样，饱含浓厚的民族和地域色彩，是中华民族文化的重要组成部分。同时，中华传统体育类运动也是民族智慧、民族精神的高度凝结与具体体现，在培养学生的运动能力、健康行为、民族认同、文化自信、自强自立和促进中华优秀传统文化传承等方面具有独特的育人价值。

（一）中华传统体育类运动的主要特点

我国地域辽阔，不同地域环境中的社会生产、文化底蕴、饮食习俗等具有较大差异。中华传统体育类运动是各民族在生产劳动、社会生活实践中孕育并发展起来的，其产生、发展与本民族所处的地理环境、生产生活方式、宗教信

仰以及价值观念等因素联系紧密，具有鲜明的地域性和民族特征，是地区民族文化的重要体现。受到地域差异的影响，其内容和形式存在着显著的区别，但整体呈现出历史性与社会性、地域性与传承性、强身健心性与保健养生性、大众性与多样性等共同特点。

1. 历史性与社会性

中华传统体育类运动历史悠久，源远流长，其发展过程具有明显的历史性和社会性。早在原始社会传统体育竞赛就开始萌芽，自黄帝时期以来，体育竞赛活动就被作为回馈神灵的宗教庆典活动的重要组成部分。到了先秦时期，因战争需要，以进攻为基本特征的武术得到快速发展。在反抗外来侵略的斗争中，传统格斗搏击类项目显示出了强大的力量。例如，中国式摔跤作为中华民族的古老技艺，起源于原始社会人们狩猎和部落冲突中的广泛身体搏斗，经过不断演化，逐渐形成摔跤技艺；又经健身、娱乐的发展，最终发展成为一项民族民间体育运动。中华传统体育竞赛和搏击项目的广泛开展，不仅能对学生的身心健康、意志品质和性格塑造产生积极影响，而且对维护良好的社会秩序、创造稳定的生活与社会环境、促进社会和谐具有重要作用，同时也是增强民族认同和国防意识的有力抓手。

2. 地域性与传承性

地域性与传承性是中华传统体育类运动的特征之一。东西方体育文化交流与互动是当今世界体育文化发展的一大特点，体育文化的频繁交流与深入互动不断冲击着我国传统体育类运动的发展。在此过程中，中华传统体育类运动立足地区文化传承基调，很好地延续了地域特色文化，同时完成了由完全的传统文化向保持中华传统特色、满足世界时代需求的改良。中华传统体育类运动在世界其他地区得到了很好的传播，成为与现代体育并存的、涵盖东西方体育文化层面功能的、具有全球化运动表现形式的复合型文化载体。例如，舞龙运动是中华民族代表性运动，也是我国民间传统习俗。龙是古老的图腾，象征着祥瑞，在中华民族文化中代表着吉祥、尊贵、勇猛和权力。作为一项最具代表性的中华传统体育类运动，舞龙具有显著的中华民族文化特色，与中华文化的传承和发展一脉相承，同时也与人们的生活息息相关。

3. 强身健心性与保健养生性

身心发展是思想道德素质和科学文化素质的载体和基础。中华传统体育类运动极为强调强身健心性与保健养生性，具有明显的强身健心特点。例如，现代社会节奏快、时效性强、科技密集、竞争激烈的生活方式加剧了人们的焦虑心理，增强了脑力劳动，减少了体力消耗，导致一些人患上了身心疾病或暴力倾向。中国的八卦掌、太极拳等传统体育项目在健身修心方面具有显著作用，同时在身心调理与保健、祛病延年、抗老益寿、康复医疗等方面具有良好的效果。

4. 大众性与多样性

中华传统体育类运动参与人数广泛，形式多样，风格迥异，内容丰富多彩。其中，只《中华民族传统体育志》一书就收集了来自55个少数民族的传统体育项目676项，汉族传统体育项目301项，共计977项。中华传统体育类运动具有内容多元、形式多样、简单实用和易于开展的优势，可供不同文化阶层、职业、性别、年龄、兴趣爱好、身体状况和运动需求的人自由选择，进行锻炼和运动，充分展现其经济实用价值和天然优势，给人们带来身体和精神上的享受。因而中华传统体育类运动具有广泛的大众性与多样性。

（二）中华传统体育类运动对培养学生核心素养的意义和价值

1. 对培养运动能力的意义和价值

中华传统体育类运动与传统文化紧密相连，它以中华民族独特的哲学观、伦理观为基础，是中华优秀传统文化的重要组成部分。通过学练该类运动，学生不仅可以掌握相关基本知识、技战术，充分理解内外兼修、文武同道的运动观和实践观，而且能彰显中华儿女对传统运动的独特理解、体会和深入思考。同时，通过在不同运动项目中经常使用踢打摔拿、闪展腾挪等基本运动技能，学生还能全面提升体能，发展运动能力。

2. 对培养健康行为的意义和价值

中华传统体育类运动以其内外兼修等健身养生思想和实践原则著称，能较好地促进学生养成良好的健康行为。学生在武术类项目的技击对抗运动中，需要观察、感知对手的动作与意图，这可以促进学生的创造能力、思维能力得到较为全面的发展。中华传统体育类运动中蕴含的智慧和独特的传统养生保健规范，有助于学生养成良好的锻炼习惯和卫生习惯，预防运动损伤和疾病，科学地消除运动疲劳，增强对自然环境和社会环境的适应能力。

3. 对培养体育品德的意义和价值

中华传统体育类运动是在中华文明土壤中形成和发展起来的，是中华民族独特的思维方式、处世之道和伦理情怀的生动体现。学生学练中华传统体育类运动项目，可以培养意志力、自制力、责任感和顽强勇敢、不断进取、坚韧不拔的意志品质，以及尊重对手、尊重裁判、尊重规则等体育道德。这对传承自强不息、厚德载物的中华民族精神，践履仁、义、礼、智、信、孝、勇等中华传统美德具有独特的价值。

二、中华传统体育类运动的内容要求、学业要求和教学提示

中华传统体育类运动是专项运动技能的重要组成部分，是义务教育阶段体育与健康课程健身性与综合性的直接体现。《义务教育体育与健康课程标准（2022年版）》分别从内容要求、学业要求、教学提示三个方面对不同水平提出了具体要求。

（一）不同水平中华传统体育类运动的内容要求

《义务教育体育与健康课程标准（2022年版）》从基础知识与基本技能、技战术运用、体能、展示或比赛、规则与裁判方法、观赏与评价六个方面提出了不同水平的内容要求，并结合项目进行举例说明。为了更好地理解内容要求的针对性与进阶性，了解不同水平对内容的要求，下文将结合内容要求的六个方面，对不同水平中华传统体育类运动应达到的内容要求进行解析。

1. 基础知识与基本技能

在基础知识的习得方面，水平二要求能说出基本动作术语，知道项目的起源与发展、基本礼仪、安全行为守则等基础知识；水平三要求了解所学中华传

统体育类运动项目的基本要领、相关知识和文化，了解该项目常见运动损伤的处理方法。

在基本技能的习得方面，水平二要求在游戏中学习和体验基本动作和简单组合动作，通过学练达到技能的基本掌握，并对该类运动有简单了解和体验；水平三要求学练主要的基本功、基本动作技术、组合动作技术和套路等，技击性、难度或动作的复杂性较水平二均有所提高。例如，为了让学生进行水平二学习并安全地体验中国式摔跤，设置了专项伸展性动作、倒地防护动作、把位、基本步法等动作技术。学生学练后可以掌握基本技术动作，进而适应与中国式摔跤相关的游戏与活动；在水平二的基础上，水平三增加了披、揣、夹颈背、大得合等基本动作以及拆把手法等防守技术，这些内容较为基础且在简单比赛条件下经常使用，但难度较水平二有所增加。

2. 技战术运用

参与游戏是儿童的天生，小学阶段主要培养学生学习运动技能的兴趣。在水平二学练中，教师应主要强调在游戏中运用所学的基本动作和简单组合动作及技战术，让学生在游戏中好学、乐学，在角力、竞速、竞技等游戏中接触、体验、运用中华传统体育类运动项目的专项运动技能，为后续学习打下良好基础。在水平三的学练中，教师应注重学生在不同情境下主动展示所学基本动作技术、组合技术、配合动作技术或者套路演练，相较于水平二的技战术运用，学生通过水平三的学练可以在不同情境中使用所学动作、组合或套路。例如，在水平二中，中国式摔跤的技战术运用主要强调在游戏中能有意识地运用所学动作，能通过游戏反思动作运用的不足之处，并加以改进；水平三要求在学习、练习、半实战等情境中主动使用所学技术动作，同时在双人对抗练习中体验动作的使用时机等。

3. 体能

在体能方面，教师要使学生知道中国式摔跤、长拳、舞龙等不同项目一般体能和专项体能具体的内容要求，积极完成体能学练目标。水平二应依据学生的特点，主要通过设置与项目相关的体能游戏来提高学生的体能水平；水平三要求在所学中华传统体育类运动项目中加强体能练习。例如，在水平二阶段的中国式摔跤教学中，学生可以通过俯卧撑、仰卧起坐、压腿和踢腿等练习发展上下肢和腰腹力量、心肺耐力及柔韧性，通过盘腿、蹲踢、长腰崴等练习发展下肢和腰腹力量、柔韧性等；水平三要求在水平二的基础上加强一般体能练习，逐步接触更多的与中国式摔跤相关的专项体能练习，通过踢绊功、搓绊功、蹦子等练习发展身体协调性和肌肉耐力等，结合中国式摔跤的专项基本功发展专项体能，开始为学生有足够体能参与比赛做准备。

4. 展示或比赛

在展示或比赛方面，水平二的中华传统体育类运动的学练可以通过设置形式多样的展示或比赛，鼓励学生积极参与并展示所学基本动作和组合动作；水平三可以设置个人和小组展示、半实战对抗等情境，让学生在情境中展示动作技能，并通过展示或比赛促进动作技术的完善，帮助学生在情境中逐步练习双人对抗战术，表现出所学项目比赛的基本礼仪。例如，在水平二的中国式摔跤的教学中，应让学生敢于展示抱腿、抱双腿、冲抱双腿、全蹲后倒等基本动作和组合动作，参与形式多样的展示或比赛；在水平三的中国式摔跤的教学中，可以设置半实战对抗比赛情境等，通过比赛情境让学生展示所学基本动作、组合动作技术和技战术，提高学生对中国式摔跤比赛技战术的理解和运用能力。

5. 规则与裁判方法

为了使学生更加全面地了解中华传统体育类运动，更好地参加展示或比赛，水平二设置了相关游戏，旨在使学生对规则有基础性认识，为今后参与比赛奠定基础；在水平二的基础上，水平三要求继续学习中华传统体育类运动项目的基本方法，了解该类运动项目的比赛规则、常见犯规动作及裁判方法等，并能对赛场上常见的犯规动作进行判罚。例如，为了让学生了解中国式摔跤项目并能按照规则参加相关游戏或比赛，在内容要求中设置了有关该项目的基本规则与要求，帮助学生判断动作正误，进一步加深对动作的理解，以及在规则要求下更好地参与学练；通过水平二比赛规则的学习，水平三要求了解基本评判标准，正确识别或展示比赛中的犯规动作，能够对常见犯规动作进行判罚。

6. 观赏与评价

观赏与评价是全面快速提高学生中华传统体育类运动水平的重要方式之一，不同水平都要求学生每学期观看比赛的次数不少于8次，从水平二的"知道"观看比赛的方式和途径过渡到水平三的"学习"如何观赏比赛并作出简单评价。

（二）不同水平中华传统体育类运动的学业要求

学业要求是《义务教育体育与健康课程标准（2022年版）》的重要突破之一，强调不同水平课程目标的达成度以及学业成就的综合表现。学业要求以核心素养为导向，从运动能力、健康行为、体育品德三个方面，针对不同水平提出相应的要求，体现出从低水平到高水平的进阶性。下面结合核心素养的三个方面，对各水平的学业要求进行解析。

1. 运动能力

在运动能力方面，《义务教育体育与健康课程标准（2022年版）》从体能状况、运动认知与技战术运用、体育展示或比赛三个维度呈现对应的学业要求。在体能状况维度，各水平均在其前置水平上有所提高。在运动认知与技战术运用维度，水平二要求做出基本动作和简单组合动作，并运用于游戏中，且能说出所学动作的术语；水平三要求掌握基本功、基本动作技术、组合动作技术和套路，提高运用这些基本运动技术的能力，且能描述基本动作技术要领和特点。在体育展示或比赛维度，水平二、水平三均要求学生每学期观看不少于8次所学中华传统体育类运动项目的比赛或表演，但水平三要求能对观看的比赛或表演进行简要评价。例如，水平二要求在游戏和展示中运用所学中华传统类运动知识与技能；水平三要求运用所学技战术和套路参与所学项目的展示或比赛，能够描述比赛的基本规则和裁判方法，并能进行简要评价。

2. 健康行为

在健康行为方面，《义务教育体育与健康课程标准（2022年版）》从体育锻炼意识与习惯、健康知识与技能的掌握和运用、情绪调控、环境适应四个维度呈现对应的学业要求。在体育锻炼意识与习惯维度，水平二没有具体要求；水平三要求具有运用所学运动项目进行体育锻炼的习惯。在健康知识与技能的掌握和运用维度，水平二要求在参与所学运动项目的游戏时表现出自我安全防护行为；水平三要求在展示或比赛中根据所学知识与技能做出合理的安全保护动作，能够提醒同伴在学练过程中使用安全防护技能，简单处理常见的运动损伤。在情绪调控维度，水平二要求说出自己在游戏、演练或展示中的情绪变化；水平三要求进一步提高心理调节能力，能够在稳定的情绪状态下积极适应比赛环境，能够克服学练中的消极情绪。在环境适应维度，水平二要求在学练过程中与同伴交流交往，在学练中能相互帮助，合作完成任务，掌握与人交往的方法；水平三要求在交往中做到相互尊重。

3. 体育品德

在体育品德方面，《义务教育体育与健康课程标准（2022年版）》从体育精神、体育道德和体育品格三个维度呈现对应的学业要求，强调学生在中华传统体育类运动中勇于克服学练中的困难，培养克服恐惧、意志坚强、活泼开朗等精神，面对同伴、老师时表现出文明礼貌的精神气质。以舞龙运动为例，在水平二介绍龙这一中华民族图腾和象征的文化内容，增进学生对与龙相关文化的了解，使学生在参与舞龙运动的过程中培养民族认同和文化自信；水平三要求通过该阶段的学习能够按照所学运动项目的基本规则和要求参与教学比赛，在对抗性练习、展示或比赛中相互尊重，具有冷静克制、果敢坚毅的品质，表现出团结合作、公平竞争的行为，能接受比赛结果。

（三）不同水平中华传统体育类运动的教学提示

《义务教育体育与健康课程标准（2022年版）》以坚持核心素养导向、强化学科实践、推进综合学习、落实因材施教为要求，深化教育教学改革；以落实"教会、勤练、常赛"要求为主线，注重"学、练、赛"一体化教学，强调学生学习结构化的知识与技能并在复杂的情境中加以运用。教学提示为教师开展不同水平的教学活动提供了相应的教学要求。

1. 水平二的教学提示

根据水平二学生的身心发展特点，为提升学生对教学任务的理解，教师可以根据教学环境创设相应的虚拟或模拟教学情境。虚拟教学情境如在舞龙运动中表现出龙的神态；模拟教学情境如让学生两人搭档练习，在慢动作下分别完成长腰崴和滚翻动作，帮助学生理解中华传统体育类运动项目的知识与技能。为提升学生学习的积极性，教师可以选用有趣、多样、贴近生活的教学内容和方法，将体能学练融入体育游戏中，如通过追逐游戏锻炼学生的有氧耐力。以真实发生的教学情境作为学习任务，为学生学习提供驱动性问题，激发学生学练的积极性。采用结构化技能教学，强调基本功、基本动作之间的关联和有机衔接，将单个独立的动作技能进行串联学练，避免单一技能重复练习的枯燥，更重要的是能够让学生认识到动作技能之间的联系，增进学生对动作技能的理解。如在舞龙运动中将游龙基本动作与矮步、换把、滑把等基本步法和基本握法相结合，让学生理解步法与握法的配合。适当使用"打练结合"的教学策略。"打练结合"的"打"并非真实的实战对抗，而是实战对抗的再现，是编排好的对练和对拆，它有助于学生在攻防情境中理解武术招式的攻防含义，培养学生的攻防意识，为后续的双人对抗练习奠定基础。

2. 水平三的教学提示

在水平二的基础上，水平三强调利用视频材料帮助学生理解中华传统体育类运动的知识与技能。视频材料容易获得且较为直观，通过播放舞龙、舞狮、赛龙舟等视频，可以让学生间接感受节日庆典的场景和民族民间传统体育文化的氛围，同时也能避免中国式摔跤和长拳类技击性较强、真实情境对抗危险性高的项目造成攻击过当或防卫过当等结果。创设与运动或生活实践紧密连接的问题情境，在问题导向下引导学生思考和学习，更有助于学生掌握知识以及理解知识之间的联系。强调结构化技能的教学，避免将运动项目与项目中的运动技能割裂开来，使学生逐步体验运动技能的序列及其完整性，培养学生对完整动作的体验和理解。采用"打练并进"的教学策略，在教学中既强调单势、组合或套路的练习，又强调半实战对抗，提高学生的技击对抗能力和攻防竞争意识。

第九节　新兴体育类运动内容解读

新兴体育类运动是指在国际上比较流行、在国内开展不久或国内外新创的、大众运动色彩浓郁、深受青少年喜爱的体育活动。该类运动主要特点是形式新颖，具有较强的时尚性和挑战性。新兴体育类运动项目可分为生存探险类项目和时尚运动类项目。生存探险类项目包括定向运动、野外生存、远足、登山、攀岩等；时尚运动类项目包括花样跳绳、轮滑、滑板、极限飞盘、跆拳道、独轮车、小轮车、飞镖等。新兴体育类运动不仅在教学层面对传统运动项目资源具有补充作用，而且是满足现代青少年对运动时尚追求的有效手段[①]。新兴体育类运动教学较易出现内容程度较浅、教学方法单一、学生基础相对薄弱等问题。因此，学校要根据场地器材、师资条件等实际情况，精选易于开展，且有利于为学生终身体育发展奠定基础的运动项目，如花样跳绳、轮滑、定向运动等，并结合项目特点、生活情境和学生能力创新教学方法，拓展玩法、练法、赛法等，循序渐进地开展新兴体育类运动教学。

一、新兴体育类运动的主要特点和育人价值

新兴体育类运动作为时尚体育发展的新产物，在推广中通过不断翻新花样、创新玩法，满足了一般人群的体育锻炼需要，适应了青少年群体的时尚需

[①] 胡峰光，苏海鹏，牛鹏飞.新兴体育项目在体育课堂中的实践探索［J］.中国学校体育，2021，40（3）：36—38

求，从而引领了新时代学校体育发展方向。教师在教学中应充分挖掘新兴体育类运动不同项目的主要特点和育人价值。总的来说，新兴体育类运动可以激发学生的学习兴趣，吸引学生主动参与，培养学生互相合作、敢于挑战、积极进取的精神，以及正确的比赛观和胜负观，帮助学生在自然环境中掌握安全运动的知识与技能，并接受生存与生命教育的洗礼。

（一）新兴体育类运动的主要特点

新兴体育类运动产生的自然和社会背景决定了其时尚性与娱乐性、新奇性与实用性、健身性与挑战性等特点。

1. 时尚性与娱乐性

新兴体育类运动形式新颖，趣味性强，有的项目在国际上较为流行，散发着时尚文化的吸引力。新兴体育类运动项目的学练，强调协同参与、积极表现，其运动项目本身所具有的时尚性、自主性和娱乐性等特点，有助于培养学生参与体育运动的兴趣，提高学生的创新意识，增强学生对新鲜事物的接受与适应能力，使学生树立高品质的健康生活观，从而促进学生个性、自由、全面和健康地发展。以花样跳绳为例，花样跳绳是在我国民间传统跳绳运动的基础上，经过不断演绎和创新而形成的新兴体育运动。与传统跳绳相比，花样跳绳具有花样繁多、形式多样、观赏性高等特点。根据动作技术与结构特点，花样跳绳可以分为个人、双人、集体、车轮跳、交互绳、长绳等花样跳法。由于融入了舞蹈、健身操、音乐等时尚元素，花样跳绳的玩法更加新颖、时尚，也更加具有娱乐性，能够更好地吸引学生的注意力，提高学生参与学练的兴趣。此外，花样跳绳还可以在挑战学生的身体极限、手脚协调配合能力等的基础上衍生出更多跳法，进一步提高观赏性、趣味性、创编性、挑战性。

2. 新奇性与实用性

新兴体育类运动项目是随着社会经济发展与健康生活需求而衍生出来的，其运动场景和动作形式新奇，具有较强的新奇性与实用性，有助于提高学生参与学练的积极性，增强学生对项目特点的理解和运动技能的运用，从而更好地培养学生的核心素养。以定向运动为例，定向运动是学生利用一张详细精确的地图和一个指北针，依次到达地图上所示的各个点标，在比赛中以最短时间到达所有点标者获胜。定向运动通常在森林、郊外、城市公园及校园内开展，具有新奇性、实用性、创造性、智力与体力并重等特点，可以提高学生应对各种突发事件的能力，对培养学生的生存意识、生存能力和生存态度具有重要作用。

3. 健身性与挑战性

新兴体育类运动主要是在自然场地上进行的，开放的空间与复杂的场地条件使得这类运动充满挑战性，尤其是生存探险类运动，具有较强的健身性与挑战性。以定向运动为例，学生在复杂环境中学练与比赛，需要运用多学科的知识与技能，使学生可以在不断观察、判断、选择和行动中强健体魄，培养独立思考的习惯、分析与解决问题的能力，以及果断决定的优良品质。尤其是可以在自然行动中树立保护自己、保护自然并遵守生态环境规则的意识，为未来走向社会打下良好基础。不仅仅是生存探险类运动，新兴体育类运动的其他项目大多也兼具健身性与挑战性特点。以轮滑为例，开展轮滑项目对场地的要求不高，且此项目具有休闲性、娱乐性、健身性、挑战性等特点，深受青少年喜爱。在多种障碍、距离、组合情境中学练轮滑，学生可以享受运动带来的刺激，使内心得到充分的放松，有利于学生增强心理素质，全面提高肌肉力量、灵敏性、柔韧性和协调性等体能水平。此外，轮滑非常注重运动中的高度平衡，有助于学生脑部神经和身体各部分的均衡与协调发展。

（二）新兴体育类运动对培养学生核心素养的意义和价值

1. 对培养运动能力的意义和价值

在体能状况维度，学生经常参加新兴体育类运动，能有效提高身体素质、改善身体机能。在掌握一般体能练习方法的基础上，学生还可以结合体能发展的敏感期，全面、持续地提升体能水平。例如，定向运动一般在野外进行，开放的空间和复杂的地形使定向运动充满新鲜感和神秘感，可以刺激人体充分发挥各个器官的功能，继而有效提升人体心肺耐力、核心力量、位移速度等；花样跳绳则通过上下肢"臂交叉"配合，有效提高人体协调性、弹跳力、灵敏性以及平衡能力、肢体协调能力。

在运动认知与技战术运用维度，学生通过在课堂中对运动知识和技战术的学习与运用，能够掌握所学新兴体育类运动项目的基本概念和基础知识，提升对运动项目的认知水平。由于新兴体育类运动既包含外来项目，也有由我国民族、民间传统体育项目创新演变而成的项目，因此，学生在运动中可以感受不同地域文化的深刻内涵和深厚魅力，理解运动项目背后的文化传承。新兴体育类运动项目特点鲜明，难易程度差别较大。新兴体育类运动教学不仅可以通过大单元教学，使学生在精学运动技能的基础上不断习得并提高技战术的组合、衔接和运用能力，还可以通过生活、户外等情境，使学生掌握安全运动的方法和注意事项。对于专业的场地器材要求较高的攀岩等新兴体育类运动，教师可以依据学生的身心发展规律重新筛选技术动作，对技战术进行简化与改造，在满足学生多样化运动需求的基础上，不断提高学生的专项运动技能，进而提高学生的运动能力。

在体育展示或比赛维度，教师可以组织和开展新兴体育类运动的"课课展"或"课课赛"、小赛季或嘉年华活动。如花样跳绳每节课的计时、计数、花式、进阶赛，以及3～6课时的个人绳技大比拼、集体花样跳绳比赛等赛季活动，引导学生参与比赛任务的分工与合作、场上与场下角色的分配，使学生充分体验完整运动项目的乐趣，培养学生组织、参与、欣赏和评价展示或比赛活动的能力。在学生具备一定运动技能的前提下，教师还可以引导学生主动探索、创造更多的展示或比赛方法，更好地享受展示或比赛的观赏性、挑战性和娱乐性。

2. 对培养健康行为的意义和价值

在体育锻炼意识与习惯维度，许多新兴体育类运动项目具有器械场地要求较低、规则简单明了、形式时尚新颖等特点，易于学生体验到成功的乐趣，能有效激发学生的运动兴趣和内驱力。学生既可在校内外自主学练时尚类运动，也可结伴、组团进行时尚类运动的练习，并与亲友分享所学内容、挑战感受和锻炼体会，进而形成日常体育锻炼的习惯，促进终身体育意识的养成。

在健康知识与技能的掌握和运用维度，学生可以结合自身运动能力，自主选择新兴体育类运动项目，设定进阶性挑战目标，制订个性化科学锻炼计划，并能根据运动负荷进行自我监测、合理调整。例如，参与定向运动时，学生需要借助健康知识、地理知识、安全应急与避险知识、生活知识与技能去应对定向运动比赛，这些知识的学习和积累，将对学生的生活产生极大的帮助。

在情绪调控维度，学生在面对新兴体育类运动展示或比赛时，能够掌握和运用积极调控情绪的方法，保持良好的心理状态。例如，在攀岩比赛中，可以运用呼吸调节、手指操、眼随手动、默想动作、自我暗示等方法缓解紧张情绪；在花样跳绳自选动作计时、计数赛中出现失误时，可以从技能表现、器械操控、心理因素等方面进行自我反思和及时调控。

在环境适应维度，学生正确选择新兴体育类运动的场地器材与适宜练习方法，可以提高安全运动的意识、能力与习惯，掌握预防和处理运动损伤的方法，尤其是生存探险类运动在保护生命安全、避灾救险等方面的动作方法和保护措施，对提高学生的环境适应能力具有重要作用。

3. 对培养体育品德的意义和价值

在体育精神维度，新兴体育类运动中的轮滑、花样跳绳等项目可进行单人、集体的展示或比赛。学生在所学动作组合的创新、次数与时间的增加、游戏比赛的参与、课内与课外的锻炼中，可以培养不断挑战自我、积极面对失败、团结协作的体育精神，以及勇敢顽强的意志品质。

在体育道德维度，新兴体育类运动的游戏、展示或比赛中，常有动作创编、规则改编、方法新编等形式，学生需要自主协商、共同商定和承担裁判角色，提高遵守规则、公平竞争的意识。而在定向运动、野外生存等项目的课内外自主学练与反馈中，在花样跳绳计数、计时、计距的自评与互评中，学生诚信自律的道德意识可以得到有效培养。

在体育品格维度，学生在双人、多人与团队参与的新兴体育类运动学、练、赛中，能够自信地参与比赛，与同伴友好相处、互相帮助，力争做到胜不骄、败不馁，出现失误时不推诿责任，理性地对待比赛结果；可以文明观赏各级各类比赛，用鼓励性语言评价比赛情况，如在花样跳绳比赛中，对音乐的选取以及整套动作的节奏、难度系数和创新度等方面进行客观、公正的评判。

二、新兴体育类运动的内容要求、学业要求和教学提示

依据《义务教育体育与健康课程标准（2022年版）》的水平目标要求，各水平分别在其前置水平的基础上进行一定层次的进阶、递进和延伸。下文先从内容要求、学业要求两个方面解读不同水平新兴体育类运动的总体要求，然后结合不同水平学生的身心发展特点和新兴体育类运动项目的知识与技能掌握情况，对教学提示进行解读。

（一）不同水平新兴体育类运动的内容要求

《义务教育体育与健康课程标准（2022年版）》针对不同水平新兴体育类运动的内容，从基础知识与基本技能、技战术运用、体能、展示或比赛、规则与裁判方法、观赏与评价六个方面提出了不同水平的总体要求。这六个方面的内容要求可通过大单元学习主题或任务进行统整，形成结构化的教学内容体系，从而既互相融合又各有侧重。

1. 基础知识与基本技能

在新兴体育类运动项目基础知识的习得上，水平二重点关注新兴体育类运动项目的基础知识点，要求能够说出所学项目的基本动作术语，知道该运动项目的起源与发展、健身价值、安全防护等基础知识。随着学生知识水平和思维能力的提升，水平三要求能够描述新兴体育类项目的基本要领和练习方法，了解所学运动项目的相关知识和文化，以及常见运动损伤的处理方法，如通过轮滑的分类与器材认识、所学动作方法、安全运动与保护方法等基础知识的资料查询和主题学习，能够说出所学动作技术的基本动作要领和练习方法，了解轮滑运动的知识、文化和常见运动损伤的处理方法等。

在新兴体育类运动项目基本技能的习得上，学生刚刚接触新兴体育类运动，对于该类运动技能的掌握处于初级阶段。水平二注重学习和体验基本动作和简单组合动作，逐渐过渡到水平三注重对所学项目主要的个人或多人基本动

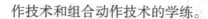

作技术和组合动作技术的学练。

2. 技战术运用

水平二是技战术运用的入门阶段，着重强调在游戏中对基本动作和简单组合动作的运用。在教学中，教师应注重结合学生的生活经验和知识水平，创设具有趣味性的学练情境，提高学生参与结构化学练的兴趣。水平三在水平二的基础上，更加注重在多种场景中运用所学新兴体育类运动项目的单人动作技术、双人或多人配合的组合动作技术，并能够使用简单的个人和局部战术配合，不断提高所学新兴体育类运动项目技战术的综合运用水平。如在定向运动的综合练习和比赛中，要结合自身和团队优势进行分工合作，根据练习要求或比赛任务，运用所学的计算线路距离与奔跑时间、地图拼图等技战术，完整体验定向运动的技战术配合。

3. 体能

水平二强调知道所学新兴体育类运动项目所需要的体能简单学练方法，乐于参与体能游戏。教师可以充分利用新兴体育类运动的场地器材组织趣味体能学练，使学生养成积极的学练态度。水平三对学生提出了更高的体能要求，强调在所学新兴体育类运动项目中加强体能学练，了解体能学练的相关原理，懂得体能的重要性，掌握常用练习方法，为提高运动能力、养成健康行为打下良好的体能基础，并持续强化体能水平。例如，在轮滑运动中，通过滑雪跳、旋转分离跳练习发展平衡能力、协调性和下肢肌肉力量等；在定向运动中，通过变速跑、障碍跑和追逐跑等练习发展位移速度和灵敏性等。

4. 展示或比赛

展示或比赛是学生对所学新兴体育类运动项目基础知识与基本技能、技战术运用、体能等的初步运用，对激发学生学练热情、检验教学效果具有重要意义。由于学生身心发展特点及认知存在差异，不同水平在展示或比赛上也应有所侧重。

水平二至水平三在内容选择上应从简单的游戏或比赛开始，重在激发学生比赛兴趣，逐渐过渡到正式的展示或比赛；从注重参与形式多样的游戏，逐渐过渡到对展示或比赛中技术动作正确、规范、连贯和流畅等的关注；从懂得互相保护与行为礼仪，到关注基本礼仪的培养，最后能在展示或比赛中显示出良好的礼仪。具体来看，水平二强调在所学新兴体育类运动项目的游戏中敢于展示运动技能，并参与形式多样的比赛，同时注重安全意识的强化，能够在比赛中懂得互相保护与行为礼仪，按要求完成展示或比赛任务。在此基础上，水平三注重能够参与所学新兴体育类运动项目不同形式的展示或比赛，强调对动作发挥的正确提示和积极引导，做出正确、规范、连贯和流畅的动作。此外，水平三是体育品德培养的关键时期，在所学新兴体育类运动项目的展示或比赛中，强调能够表现出该运动项目的基本礼仪。

5. 规则与裁判方法

针对不同学习水平的学生，在规则与裁判方法方面的内容要求也各有侧重。水平二要求知道所学新兴体育类运动项目游戏与比赛的基本规则和要求、裁判的基本术语，能指出所学新兴体育类运动项目游戏与比赛中违反规则的行为，并在教师的指导下尝试进行判罚，协助教师完成裁判工作。水平三要求在"知道""辨别""尝试"的基础上，重点强调了解所学新兴体育类运动项目比赛的基本规则和裁判方法；参与组织班级内的比赛，并能承担比赛的裁判工作，如在教师的鼓励下积极参与组织班级内的竞速抢位赛、轮滑竞速赛、迷宫定向赛、九宫格定向赛、智能定向赛、花样跳绳挑战赛；在教师的指导下了解比赛的开展条件、场地器材、装备要求、获胜方法、基本规则、动作判断标准、裁判基本术语与准确计时计数的裁判方法，以及组织比赛的方式方法，承担比赛的裁判工作等。

6. 观赏与评价

观赏与评价重在促进学生新兴体育类运动文化素养的全面提升，引导学生观赏所学新兴体育类运动项目的比赛或表演。在观看次数要求上，各水平均要求学生每学期观看不少于8次所学新兴体育类运动项目的比赛。在观赏与评价角度上，从水平二"知道如何观看比赛"到水平三"学习如何观赏比赛"，更加注重学生综合素养的提升。具体来看，水平二强调知道所学新兴体育类运动项

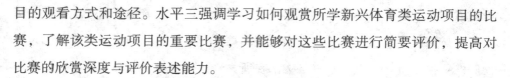

目的观看方式和途径。水平三强调学习如何观赏所学新兴体育类运动项目的比赛，了解该类运动项目的重要比赛，并能够对这些比赛进行简要评价，提高对比赛的欣赏深度与评价表述能力。

（二）不同水平新兴体育类运动的学业要求

学业要求是核心素养在某个主题层面的具体表现期望，依据《义务教育体育与健康课程标准（2022年版）》要求，不同水平新兴体育类运动的学业要求主要从运动能力、健康行为、体育品德三个方面以及具体维度对可观测性的、表现性的学习行为与结果进行描述。

1. 运动能力

在体能状况维度，各水平均在前置水平上有所提高。在运动认知与技战术运用维度，水平二要求做出所学新兴体育类运动项目的基本动作和简单组合动作，并能进行自主学练，在游戏和比赛中运用，说出所学运动项目的基本动作术语、相应的规则和要求；水平三要求掌握所学新兴体育类运动项目主要的基本动作技术和组合动作技术，并能描述所学新兴体育类运动项目的动作要领和练习方法。在体育展示或比赛维度，水平二、水平三均要求学生每学期观看不少于8次所学新兴体育类运动项目的比赛，在展示或比赛中的要求呈进阶发展。水平二强调能进行自我展示，注重在游戏和比赛中运用所学新兴体育类运动知识与技能；水平三强调能够运用所学知识参与组织班级内的展示或比赛，能描述基本的比赛规则，并能进行简要评价。

2. 健康行为

在体育锻炼意识与习惯维度，水平二要求积极参加所学新兴体育类运动项目的学练，提高安全锻炼的意识和能力；水平三注重安全参与新兴体育类运动项目。在健康知识与技能的掌握和运用维度，水平二要求知道所学项目的安全避险和运动伤病预防等知识和方法；水平三注重安全地参与所学新兴体育类运动项目，并能对运动损伤进行简单处理。在情绪调控维度，水平二要求比赛发挥失常时，能在教师指导下自我调控情绪；水平三要求在所学新兴体育类运动项目的学练、展示或比赛中，表现出稳定的情绪。在环境适应维度，水平二要求学生在所学新兴体育类运动项目的学练中，能够与同伴积极沟通和交往；水平三强调能够在所学新兴体育类运动项目的学练、展示或比赛中，乐于与同伴分享自己的感受。

3. 体育品德

在体育精神维度，水平二注重遇到困难时能努力克服和继续坚持学练，并表现出团结合作的行为；水平三要求自信地参与所学新兴体育类运动项目的展示或比赛，能克服困难，挑战自我，表现出团队合作的行为。在体育道德维度，水平二强调能够按照规则和要求参与所学新兴体育类运动项目的游戏与比赛；水平三要求在新兴体育类运动项目的展示或比赛中，表现出遵守规则、服从裁判和公平竞争的行为。在体育品格维度，水平二要求在新兴体育类运动项目的游戏与比赛中，表现出文明礼貌的行为，能接受比赛的结果；水平三注重能够自信地参与所学新兴体育类运动项目的展示或比赛。

（三）不同水平新兴体育类运动的教学提示

《义务教育体育与健康课程标准（2022年版）》结合新兴体育类运动的内容要求和学业要求提供了教学提示，以便一线教师能够结合不同水平学生的实际特点有针对性地开展新兴体育类运动项目的教学。教师在教学中应注意广泛运用各种资源，合理选择教学内容，采用多样化教学方法，指导学生在分析和解决问题的真实情境中形成核心素养。

1. 水平二的教学提示

针对水平二学生的特点，在新兴体育类运动项目的教学中，教师应注意以下五点：第一，注意采用灵活多变、简便易行的教学方式，如通过不同数量、时间、形式、场景的分组和分项展示或比赛创设趣味化的教学情境，激发学生的学习兴趣和参与热情。第二，根据不同项目的特点有侧重地培养学生的体育品德，要注意培养学生克服恐惧、挑战自我的勇气。第三，根据学校的条件和学生的能力水平对运动项目内容和难度进行调整，每节课都要落实"学、练、赛"的要求，逐步提高学生的动作熟练度和适应户外环境变化的能力。第四，围绕业要求设计相关知识与技能的学习任务，重视学生对所学新兴体育类运动项目的完整体验和实际运用，促进学生对运动项目的全面理解。第五，注重将所学新兴体育类运动项目的教学与生活实际相联系，如在花样跳绳教学中，用绳子捆绑轻物做搬运物体接力游戏，用双脚交换跳的方式做"踏石过河"游戏，培养学生学以致用的能力。

2. 水平三的教学提示

在水平三新兴体育类运动项目的教学中，教师应关注以下四点：第一，注重基本动作技术、组合动作技术，强化动作之间的衔接与连贯，让学生在基本动作技术、组合动作技术，以及单人动作技术、双人或多人配合动作技术的结构化学练情境中，逐步提高动作技术熟练程度和合作能力。第二，组织具有一定挑战性的不同主题、不同形式、不同情境的新兴体育类运动项目比赛，如竞速赛、耐力赛、擂台赛、挑战赛、进阶赛等，培养学生敢于挑战、勇于展示、团队合作和公平竞争的意识。第三，重视学练中的创新与探究，创设自主学习、合作学习和探究学习情境，提高学生分析和解决问题的能力，提升综合素养，如在花样跳绳教学中，让学生任意选择3～5种动作技术，配合音乐进行单人单绳组合动作技术创编与展示，并体验基本脚步变化、摇绳变化、速度节奏变化等，培养学生的创新意识和运用能力。第四，指导学生在比赛中担任不同角色，培养学生对所学项目的完整体验和理解，如引导学生担任比赛的运动员、裁判、教练、宣传员、观众、摄影师等不同角色，促进学生对所学新兴体育类运动项目的完整体验和理解。

第四章

体育与健康
教学过程与评价设计

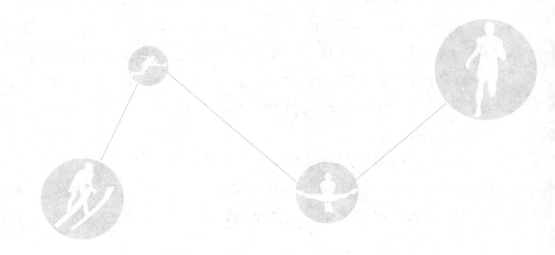

第一节　体育与健康教学过程设计

科学合理的教学过程是学生学习效果达成的前提和基础。体育与健康教学过程的设计，是教师在教学前依据体育学科的教学特征和学生身心发展特征对整堂课的综合考虑与把握，是课堂教学设计的重要一环。本节重点介绍体育与健康教学过程设计的概念、形态、类型及流程，旨在为教师提供教学过程设计的理论指导。

一、体育与健康教学过程设计的概念

（一）教学过程的概念

美国教育家杜威认为教学过程应重视学生的主体活动及亲身体验，应给学生提供真实的问题情境，激发学生的创新思维。我国课程论专家钟启泉认为：'教学过程是教师和学生协同活动的过程，是学生在教师指导下，依据课程计划和课程标准的要求，积极主动地掌握系统的科学文化知识和基本技能，提高身体素质、心理素质和社会文化素质，并形成一定思想品德和心理品质的过程。"教学过程是指以学生为主体，在教师的指导下，为实现既定的学习目标，通过学与教的共同活动，促进学生知识、能力、品德等核心素养发展的动态性的教育过程。

（二）体育与健康教学过程的概念

体育与健康教学过程是以"身心一元论"为价值取向，以身体练习为主要手段，以技术技能为载体，促使学生在知识、能力、行为诸方面得到全面提升，旨在实现"以体育人"的教育活动。体育与健康教学过程是一种系统的动态过程，是师生共同参与，由确定目标、激发动机、理解内容、反复练习、反馈调控与评价等环节组成。

（三）体育与健康教学过程设计的概念

体育与健康教学过程设计是按照现代系统论的观点，采用类似于计算机流程图的形式，对影响中小学体育与健康教学活动的因素（教师、学生、教学目标、教学内容、场地器材等）进行优化组合，构建最佳教学方案的过程。体育与健康教学过程设计是教师开展教学预先制定的教学方案，是一种动态设计，不仅要直观描述体育与健康教学过程中各个基本要素之间的关系，还要简洁反映分析和设计阶段的结果。

二、体育与健康教学过程设计的形态

教学过程是师生双方共同参与的互动过程，这一过程既强调教师的教，又强调学生的学。从教学观念关注的焦点来看，教学过程主要分为两种形态，即以教为中心的教学过程和以学为中心的教学过程，由此就产生了以教为中心的教学过程设计和以学为中心的教学过程设计。

（一）以教为中心的教学过程设计

在传统的体育与健康教学模式中，教学过程主要以教师为主体、以教材为媒介，对学生进行系统知识和技术的传授，主要任务在于努力引导学生学习既定的知识和技术。以教为中心的教学过程设计是以教师为中心，强调体育教师在教学过程中的引导责任，即教师如何引导好学生，提高教学质量，是更多关注教师教学效果的一种设计。但是，这种教学过程设计多以教师为主角，对学的关注度比较少，忽视调动学生的积极性和主动性，不利于学生创新思维和批判思维的培养。

（二）以学为中心的教学过程设计

与以教为中心的教学过程相对应的是以学为中心的教学过程。事实上，东西方的教育家们很早就将"以学为中心"的理念渗透到教学过程中去。例如，孔子倡导的"学、思、行"的教学过程，儒家思孟学派提出的"博学之、审问之、慎思之、明辨之、笃行之"的教学过程以及西方赫尔巴特的"明了、联想、系统、方法"、杜威的"疑难、问题、假设、验证、结论"等各种教学过程以及"激发动机、感知教材、理解教材、巩固复习、运用实践、测试评价"的教学过程等，均体现了"以学为中心"的教学理念。以学为中心的教学过程设计的突出特征是将学生视为课堂的主体，让学生主动参与课堂活动，通过询问、交流、思辨、实践等方式去获取并整合相应的信息和知识。以学为中心的教学过程的各项教学环节的设计也是"以学生发展为中心"，因材施教，尊重学生的个体差异。以学为中心的教学过程设计要保证教学过程按照学生的学习特征开展，教师是以引导者、观察者或监督者的身份参与其中，过程设计强调学习过程的最终目标是完成知识的意义建构。

三、体育与健康过程设计类型及流程

加涅的信息加工学习论、赫尔巴特的五段教学法作为体育与健康教学过程设计的理论基础，始终把学生放在主体地位，强调学生学习的自主性和能动性。为了实现这些理论强调的核心理念，培养学生发现问题、分析问题、解决问题的意识和能力，使学生有效激发学习动机，明确学习目的，形成积极的学习态度和正确的价值观，下文重点介绍问题导向、主题导向和阶段导向三种教学过程设计类型。

（一）问题导向的教学过程设计流程

加涅的信息加工学习论对应学习过程的第一个阶段——动机阶段，而问题导向的教学过程设计正是以问题的设计和解决为核心的课堂教学模式。这种模式以学生运用科学原理与方法分析问题和解决问题为主要特征，要求教师不断启发学生提出问题、思考问题、解决问题，旨在培养学生成为知识的主动建构者。

问题导向的教学过程设计强调以学生为中心，要求学生围绕问题独立收集资料、发现问题、解决问题，培养自主学习能力和创新能力，其具体流程如下：①把学习目标转化为系列问题；②依据问题制订学习方案和计划；③创设教学情境，引导学生在实践中探究；④学生进行成果展示与交流分享；⑤根据学生学习成果，教师进行反馈评价。

问题导向的体育与健康教学过程设计强调教师要精心设计一系列问题，并积极引导学生参与复杂情境下的学习活动或比赛，在真实情境中培养学生分析问题和解决问题的能力，以实现体育学科核心素养的培育。

问题是触发学生思维的引擎。没有问题的教学难以激发学生的求知欲，没有问题的教学也不能引导学生进行深入思考。为了在体育与健康教学中培养学生的学科核心素养，教师应坚持问题导向，以问题引领学习活动，使体育与健康教学呈现问题化特点。

（二）主题导向的教学过程设计流程

加涅的"动机、领会、习得、保持、回忆、概括、作业和反馈"八个学习阶段是一种整体性、连续性的设计，而主题导向的教学过程设计本质上就是对课堂教学过程环节的真实体现，是以真实情境去表达教学主题，以教学主题去表达教学目标和具体教学要求，以教学目标和具体教学要求去刺激和满足学生的认知和非认知发展需求的一种实质性教学设计。主题导向的教学过程设计流程分为四个环节：设置情境、提出问题、完成主题、成果展示与交流。

1. 设置情境

设置情境的主要目的是依据课时目标，结合学生能力形成逻辑主线，激发学生的兴趣，产生完成主题的动机。

2. 提出问题

提出问题是指学生在了解自己将要在一个什么样的主题范围和框架下进行学习或研究后提出主题，并立刻构思完成主题的方法与手段。

3. 完成主题

完成主题阶段的步骤是：首先，在教师指导下，学生利用已经提出的方法和手段获取相关信息，使用合适的方法对得到的信息进行过滤、分析、处理，然后根据获得的信息形成自己初步的学习体会或研究成果；其次，以不同的形

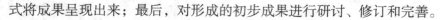
式将成果呈现出来；最后，对形成的初步成果进行研讨、修订和完善。

4. 成果展示与交流

主题导向的体育与健康教学过程设计要求围绕某一主题，有针对性地将运动技能、体能、健康知识等融入教学的准备部分、基本部分和结束部分，让学生在主题学习的过程中，掌握多种知识技能，培养分析问题、解决问题的能力。

三题导向的教学过程设计是教师结合学生身体素质、运动技能掌握情况，围绕学生学习需求确立研究主题，以研究实际问题为教学方式，以培养学生综合学习能力为目的的一种动态过程。主题导向的教学过程设计的特点是随着学生主题学习的深入，学生对所学内容有更深刻的理解，适用于体育知识及动作原理的探究学习阶段或运动项目学习与巩固阶段。

（三）阶段导向的教学过程设计流程

依据赫尔巴特阶段式教学过程设计模式，结合学生发展特点与水平，将体育与健康教学过程设计分为准备阶段、练习阶段、展示或比赛阶段和总结评价阶段，落实"教会、勤练、常赛"的要求，更好地帮助学生在体育锻炼中"享受乐趣、增强体质、健全人格、锤炼意志"，促进学生身心健康全面发展。阶段导向的教学过程设计流程有以下几个阶段。

1. 准备阶段

准备阶段是一节课的序幕，教师在开始时应结合教材特点和学生的认知水平，使用不同的导入方式来唤醒学生的知识储备，促使学生产生强烈的求知欲。准备活动的导入方式十分重要，体育课的导入方式有很多种，从学生接受的角度可分为直接性导入、提问式导入和情境式导入。

直接性导入，是指教师通过图片、视频、实物等方式引入教学内容。比如在学习篮球传切配合战术时，学生可通过观看篮球比赛中的精彩传切配合视频，感知传切配合战术是怎样完成的、跑动路线如何，在形成运动表象的同时，激发学生学习这一战术的动机。教师也可以通过提问的方式激发学生的学习兴趣。比如在学习短跑技术时，教师可以提问学生知道哪些短跑名将？用力学知识分析影响跑步速度的因素有哪些？以此来激发学生的探究意识，提高学习兴趣，活跃课堂气氛。此外，教师还可以通过语言、声音等方式模拟某种情境，让学生在这种模拟情境中学习。比如在学习蛙泳时，教师可以把学生比作一只快乐的小青蛙，通过语言描述创立学习情境，以便学生更快地掌握动作技能。

2. 练习阶段

运动技能的形成需要大量的练习，实践性是体育课的特点之一。在体育教学中教师应依据运动技能形成规律，合理设计练习环节，提高学生掌握运动技能练习的有效性。有效的课堂练习包括理解性练习、归纳性练习、运用性练习、迁移性练习、巩固性练习等，练习形式的选择应根据运动项目特点和学生所处的运动技能形成阶段确定。例如，在球类项目教学中，教师可以采用理解性练习的形式，引导学生从整体上对球类项目进行了解，使学生知晓每一个技术动作在整个战术体系中的位置和作用，从而更好地将技术动作串联。若学生处于巩固与运用自如阶段，教师可以采用巩固性练习形式，给学生提供不断练习的机会，将个性化练习与竞赛性练习相结合，让学生在各种练习形式中不断实践和运用所学技能，以达到巩固练习的目的。

3. 展示或比赛阶段

展示或比赛阶段作为课堂教学的关键环节，要求教师创设多种复杂情境，让学生参加多种形式的展示与比赛，提高学生学以致用的能力。在体育课堂教学中，根据学生人数的多少，可将教学展示分成个体教学展示、小组教学展示和集体教学展示三种类型。个体教学展示在武术、体操等单人运动教学过程中采用较多，可以有效培养学生敢于尝试、敢于挑战自我的品质。小组或集体教学展示不仅有利于学生间建立融洽的人际关系，还有利于培养学生的合作能力和团队精神，使学生在展示与交流的过程中得到满足感与成就感。展示环节不仅要求学生展示和交流自己的学习成果，还要求学生将所学知识进行拓展延伸。

比赛是激发学习兴趣最好的方法手段之一，根据不同教学阶段学生的发展水平，教师可按照渐进性原则创设与学生发展水平相适应的比赛方式。

4. 总结评价阶段

结束部分是体育课堂教学结构的一个重要组成部分，它不仅是一节课的结束，也是下一节课及之后课程学习的起点。教师既可以利用结束部分放松学生身心，又可以通过回收器材培养学生爱护公物、主动承担的良好品德，还可以通过总结课堂教学过程中的问题，了解学生对学习内容的掌握程度，为之后的教学打下基础。在教学实践过程中，教师可以根据课程类型、学生特点、具体的教学情况，选择恰当的结束方法，常见的方法有总结归纳法、游戏放松法、提问评价法、铺垫拓展法和示范激励法等。例如，为了了解本节课教学目标的完成情况，教师可以通过提问评价法设计以下三个问题：通过这节课你学会了哪些知识和技术动作？你主动帮助其他同学解决了什么问题？你深刻的体验是什么？通过对上述问题的了解，可以明确本节课学生在知识、技能、情意方面的表现，更好地判断本节课教学目标的达成情况。总而言之，体育课的结束方法多种多样，教学中教师可根据具体情况，选择和设计新颖、独特、有效的方法，做到有始有终，前后呼应，切实提高体育课堂教学质量。

第二节 体育与健康教学评价设计

教学评价设计关乎评价实施的方向，科学而合理的教学评价为教学目标的达成提供针对性的反馈，是教学质量可持续提高的保障。体育与健康教学评价设计是评价的前提和基础，科学合理的评价设计是评价活动成功的关键。本节主要从体育与健康教学评价设计的概念、流程与原则三个方面进行概述。

一、体育与健康教学评价设计的概念

（一）教学评价的概念

"评价"一词被广泛应用于各个领域，教学评价是以教学目标为依据，运用可操作的科学手段，系统收集有关教学的信息资料，并通过定量或定性的方式对教学的过程和结果作出的价值判断，以促进学生自我发展和教师教学环节完善的过程。

（二）体育与健康教学评价的概念

体育与健康教学评价主要是指以体育与健康课程的学习目标为依据，按照一定的评价标准和方式方法，对学生的体育学习过程和学习效果、教师的教学行为所作出的一种价值评判。此概念包括四个方面的含义：①评价的依据为体育与健康课程学习目标。②评价的实施包括评价标准和方式方法两个方面。③评价的对象包括学生的学和教师的教两个维度。④评价是一种价值判断。

（三）体育与健康教学评价设计的概念

体育与健康教学评价设计是以体育与健康课程的学习目标为依据，对评价目标、评价主体与客体、评价内容、方式方法以及标准等要素进行系统规划，以实现对学生的体育学习过程和学习效果、教师的教学行为、教学设计等的价值评判，进而促进学生自我发展和教师教学完善的过程。

二、体育与健康教学评价设计的流程

体育与健康教学评价设计流程主要包括评价目的的确定、评价主体的选择、评价内容的设计、评价方法的选择、评价标准的制定五个环节。

（一）评价目的的确定

评价目的回答的是为什么评价的问题。体育与健康教学评价的目的可以概括为选拔学生、评定成绩、改进教学和激励学生四个主要方面。从教师教的视角出发，评价主要侧重于对学生体育与健康课程学习的进度以及教学相关知识、技能等学习效果进行检查和评定，为教师了解学生的学习状况及后续的教学计划设计与改进提供依据。即评价是对教学目标达成的反馈，评价目的的确定应以教学目标为依据，参照教学目标进行设计。

（二）评价主体的选择

评价主体回答的是谁来评价的问题。随着教学改革的不断深入，评价主体呈现出由原来的单一主体向多元主体发展的趋势，学生体育与健康课程的学习效果不仅可以通过体育课，还能够从课外体育活动参与情况、家庭体育锻炼习惯的养成等多方面得到反映。评价主体不局限于教师或学生，还可以邀请学校管理者、教育专家、家长等多元主体进行参与，以提高评价的综合性和客观性。

（三）评价内容的设计

单元教学和课时教学是教学的主要环节，依据体育与健康学科核心素养指标体系，单元和课时教学评价内容可围绕学科核心素养来设计，即评价运动能力、健康行为和体育品德三个方面。

（四）评价方法的选择

评价方法分为定量评价和定性评价。定量评价指的是运用数学的方法，收集和整理数据，对评价对象作出定量结果的价值判断；定性评价指的是评价者通过对评价对象平时的言行表现进行观察和分析，直接对评价对象作出定性结论的价值判断。在体育与健康课程教学中常用的定量评价方法包括测试法、量表评价法；定性评价的具体方法包括观察法、口头评价法、评语法等。在评价方法的设计上，可采取定性评价与定量评价相结合的方法。

（五）评价标准的制定

评价标准指在评价活动中应用于评价对象的价值尺度和界限，是评价活动方案的核心部分。体育与健康课程的评价标准依据不同的评价内容和评价方法进行设计：定性评价一般不采用数学的方法，评价者主要以教育学和心理学为理论依据对评价对象的种种表现作出定性结论的价值判断，例如评出等级、写出评语、排出优劣顺序等；定量评价主要以具体的数值作为标准，如在100米跑测试中以不同的完成时间对应不同的分值。

三、体育与健康教学评价设计的原则

体育与健康教学评价设计需要遵循一定的原则，从而保障评价设计的科学性和合理性，结合《关于全面加强和改进新时代学校体育工作的意见》的文件要求，体育与健康教学评价设计应遵循以下三个原则：

（一）全面性原则

评价的全面性指的是评价内容要涵盖学生发展的方方面面。评价的设计应考虑全体学生的实际情况，关注学生体育学科素养的整体提升，既要考查学生的学习结果，又要考查学生的学习过程；既要评价学生的知识技能目标达成、体能的增长幅度，又要评价学生的课堂学习表现，关注学生在学习过程中的变化和发展。遵循全面性原则的评价不但要关注学生体育知识技能与方法的掌握，而且要关注学生学习能力的提升及心理品质、合作交往和环境适应等方面的发展，力求全面、公平、公正地评价学生的学习状况。

（二）多元化原则

评价的多元化指的是评价主体的多元化、评价形式的多元化。体育学习效果的评价主体主要是教师和学生，可适时邀请家长或其他相关人员参与评价；评价形式有诊断性评价、过程性评价和终结性评价、定性评价和定量评价等，具体实施时需要注重多种评价类型的综合运用。可使用诊断性评价了解学生的认知基础，使用过程性评价考查学生的学习能力、学习态度和学习表现，用终结性评价获得学生对知识和技能掌握的情况，用定量的分值、定性的等级或评语综合反馈学生的学习成果。

（三）科学性原则

科学性原则指的是评价要符合最基本的科学原理、遵循客观规律。评价时要注重过程性与终结性评价相结合、定量与定性评价相结合，将评价活动贯穿于学生体育与健康学习的全过程，充分发挥评价的诊断、反馈和激励功能。评价过程中所收集的数据和资料应真实反映学生的实际学习情况，评价工具要精心设计，能有效诊断并提升学生的体育学科核心素养。评价程序要科学规范，以保证评价客观、准确，确保评价结果的可靠性和有效性。对过程性评价而言，评价维度要科学、有侧重，观测点要细化且具有可操作性，评价方式的选择应符合体育学科的特点和性质；对终结性评价而言，教学重难点应在评价中有所体现，通过多元化的评价来实现评价的全面性和科学性。

第五章

体育与健康教学策略与教学模式设计

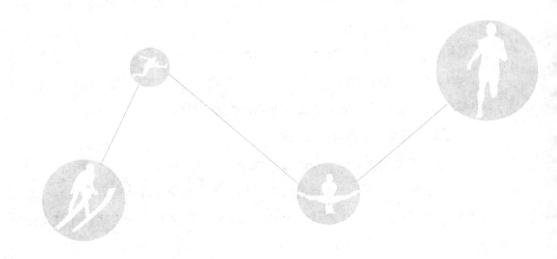

第一节　体育与健康教学策略设计

　　教学策略是教育从观念走向行动、从理论走向实践的重要路径，只有把具体的体育与健康思想观念转化为可具有操作性的教学策略，才能使相应的思想观念在体育与健康课堂中加以落实。为了保证体育与健康教学策略设计方向清晰、定位准确，本节阐述了体育与健康教学策略设计的概念，梳理了体育与健康教学策略设计的思想基础。

一、体育与健康教学策略设计的概念

（一）教学策略的概念

　　"策略"一词原为军事用语，原义是指大规模军事行动的计划和指挥。早在三国时期的《人物志·接识》中便有"术谋之人，以思谟为度，故能成策略之奇，而不识遵法之良"的表述。可见，策略的本质是计谋性的思考，是对手段、方法巧妙合理地选用。

　　"策略"一词运用在教学中，便称为"教学策略"，即教师在一定教学思想的指导下，在特定的教学环境中，为达成教学目标，完成教学任务，对教学的内容、方法与手段、组织形式、媒体等要素进行整体规划的方略。

（二）体育与健康教学策略的概念

　　体育与健康教学策略是在体育与健康教学这个特定的教学环境中，教师在一定的教学思想指导下，为达成教学目标，完成教学任务，对教学内容、方法与手段、组织形式、媒体等教学要素进行系统的整体规划的方略。此概念反映了三个基本含义。

1. 思想性

教学策略是以教学思想为基础，对教学理念、教学原理、教学原则的具体化。

2. 可操作性

教学策略是依据教学目标对内容、方法、组织形式、媒体等教学要素的规划，具有明确的操作要点。

3. 灵活性

教师要根据体育与健康教学情境来规划教学要素，使教学策略富有灵活性和开放性。

（三）体育与健康教学策略设计的概念

体育与健康教学策略设计是在体育与健康教学这个特定教学环境中，教师在一定的教学思想指导下，为保证在有限的时间内能够高质量地实现预定教学目标、完成教学任务，对教学的内容、方法与手段、组织形式、媒体等要素进行系统规划的过程。

二、体育与健康教学策略设计的思想基础

体育与健康教学策略设计以教学思想为基础。经过长期发展，我国存在多种体育教学思想并存的现象，国内外不同体育课程与教学模式中也呈现了丰富多样的教学思想。

（一）我国的教学思想

教学思想对教师的教学策略设计具有方向性的指导作用，每位教师都会受到教学思想的影响，进而在教师设计教学策略时该影响便会产生作用。在我国体育与健康教学发展过程中，比较成熟和清晰的教学思想有五种，分别是技术健身、快乐体育、体质健康、健康第一、学科育人。

（二）国内外体育与健康课程与教学模式的核心思想

体育与健康课程与教学模式是在一定教学思想和理论指导下建立起来的体

育与健康教学程序，包括相对稳定的教学过程结构和相应的教学方法体系。当教学策略的教学思想与某个模式的指导思想相契合时，可以基于该课程或教学模式设计教学策略，从而提高教学策略的科学性。目前，国际上比较认同的教学模式有10种，教师在设计体育与健康教学策略时可按需参考。

第二节 体育与健康教学模式设计

运用健康体育课程模式开展教学，需要围绕其所倡导的运动负荷、体能练习、运动技能三个关键要点展开教学模式设计。

一、体育与健康教学模式设计的关键要点

健康体育课程模式提出了"运动负荷、体能练习、运动技能"三大关键要点，有利于该模式理念的落实、目标的达成，有助于增进学生身心健康，充分体现体育与健康课程健身育人的本质特征。

（一）运动负荷

健康体育课程模式强调无论体能练习、技能学习，还是其他促进学生身心愉悦的活动，都必须有适宜的运动负荷。运动负荷涉及运动密度和运动强度。运动密度是指一节体育课中，学生的练习时间与一节课总时间的比例，运动强度往往用每分钟心率来表示。健康体育课程模式要求每一节体育课的运动密度应在75%左右，学生的平均心率应在140～160次／分。

（二）体能练习

健康体育课程模式强调每节课都要有10分钟左右的体能练习时间，其手段和方法应该具有多样化和趣味性，且注重"补偿性"体能练习，促进学生体能均衡全面地发展。

（三）运动技能

健康体育课程模式强调，在一节体育课中，学生的运动技能学习应该以活

171

动和比赛为主，时间应在20分钟左右。同时教师要注重结构化教学，将单个技术的学练更多地融于活动情境和比赛情境中，从而提高学生面临情境时运用技术解决问题的能力。

二、体育与健康教学模式设计的步骤

（一）确定结构化的教材内容

体育与健康教学模式需要体现《义务教育体育与健康课程标准（2022年版）》的精神和要求，基于健康体育课程模式进行教学设计时需要根据《义务教育体育与健康课程标准（2022年版）》中规定的课程内容结构图，参考内容要求、学业要求、教学提示，针对学生学习的实际情况，合理选择结构化的教材内容。如针对水平一的学生需要将基本运动技能、健康教育、跨学科主题学习三个方面的课程内容进行结构化设计；针对水平三的学生需要将体能、运动技能系列、健康教育三个方面的课程内容进行结构化设计。当教材内容确定后就可以制定单元与课时教学内容。

（二）基于核心素养培育设计单元计划

体育与健康教学模式教学设计的第一步是制订单元教学计划，主要是对一个运动项目或者某一模块的教学内容进行整体设计，倡导进行大单元教学设计和实践，引导学生学练结构化的运动技能，而具体的课时需要体育教研组和教师根据学校的实际来确定。在设计单元教学计划时，需要以核心素养为依据，树立大单元观念，明确单元计划的指导思想，关注单元计划的整体结构，使单元课次成为相关联的整体，让学生在活动情境和比赛情境中完成学练，并围绕学生的学科核心素养，采用过程性评价与结果性评价相结合的方式对学习效果进行评价。单元教学计划主要包括单元学习目标、教学内容、教学重难点、教学组织与方法、学习评价等。

（三）基于三个关键要点设计课时计划

体育与健康教学模式教学设计的第二步是细化课时教学计划。在设计课时教学计划时，应该明确本节课在整个单元教学设计中的地位与作用，将健康体育课程模式提倡的三个关键要点融入教学设计之中。整节课的学练要以活动与比赛为主，创设真实的、复杂的学习情境，采用自主学习、合作学习和探究学习等以学为主的教学方法，营造师生和谐互动、情绪饱满高昂、场景活泼热烈、气氛积极向上的课堂教学氛围，并保证中高运动强度、高运动密度。课时教学计划主要包括课时学习目标、教学内容、教学重难点、教师教学与学生学练、组织队形、运动负荷等。

三、体育与健康教学模式设计的注意事项

（一）学习目标设置应体现契合性

学习目标的设计要对标课程标准提倡的"运动能力、健康行为、体育品德"三个方面的课程目标，目的在于帮助学生学会运动并喜欢体育课，增进学生身心健康，提升学生的体育学科核心素养，培养全面发展的人。

（二）教学情境创设应体现适切性

教学情境创设要充分考虑学生的认知水平、身心发展规律及其生活经验，科学设计富有生活化、趣味化、复杂化情境的学练活动，营造积极的课堂教学氛围，让学生以主人翁的姿态，全身心地投入学习中。教师可以通过语言描述、场地器材布置来创设情境，也可以借助音乐、视频等手段创设出形象生动的情境，激发学生的学习兴趣，调动学生体育学习的积极性，提高体育课堂教学的效果。

（三）运动负荷安排应体现科学性

教学设计要安排科学适宜的运动负荷，无论体能练习，还是运动技能学习，其运动负荷都应科学适宜。当然，考虑到学生对运动负荷所呈现出来的渐进的适应性特征，运动负荷的标准和要求并不是一成不变的，要基于不同学段和不同项目内容来科学设计。但需要注意的是，体育与健康教学模式下的教学设计要保证每一节体育课的运动密度在75％左右，平均运动强度在140～160次/分，具体到每个教学环节和相关内容的运动负荷安排，需要具体情况具体分析。

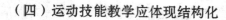

（四）运动技能教学应体现结构化

运动技能教学应采用单元教学的方式开展，突出运动技能结构化，即倡导以两个或两个以上的内容或手段组合学练方式设计层次感和关联性突出的体育教学课堂。同时要求每节体育课至少应有20分钟的结构化运动技能教学时间且练习内容应以活动和比赛为主，促使学生逐渐形成运用结构化体育知识和技能解决实际问题的能力，并促使学生养成终身体育锻炼的意识、能力和习惯。

（五）学习评价选用应体现合理性

学习评价方式设计要紧密围绕健康体育模式的三大关键要点和学科核心素养的三个维度来展开，并根据《义务教育体育与健康课程标准（2022年版）》中"评价建议"部分来选择。合理的学习评价方式应注重学生自评、他评和师评三者的结合，评价方式主要有观察、口头评价、体能测试、技能评定等，评价工具主要有心理量表、成长记录档案、行为量表、问卷等。

第六章

小学体育与健康
单元教学设计案例解析

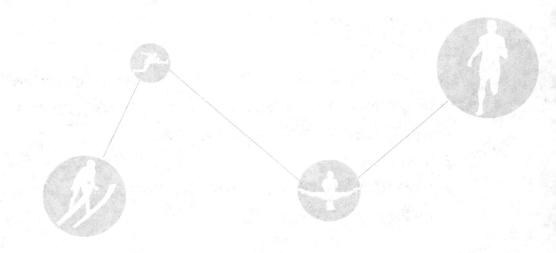

第一节 单元规划设计案例解析

一、单元规划设计概述

（一）界定

单元规划是从学科核心素养出发，基于《义务教育体育与健康课程标准（2022年版）》，结合教材及学生特点，通过比较、梳理形成单元的相关因素，根据一定的规划原则，进行单元的分类和定位，并形成教学单元的过程。单元规划的起点是研读《义务教育体育与健康课程标准（2022年版）》和教材，终点是形成规模适当的教学单元。单元规划这一环节是后续进行单元教材教法分析、单元教学目标设计、单元学习活动设计、单元评价设计和单元资源设计的前提。

单元规划建议主要是为体育教研组在进行各类单元规划时提供思路、途径、方法等指导，帮助教研组的教师更科学合理地规划教学单元，从而提高教研组对教学单元的理解能力和设计能力。

（二）依据

单元规划应围绕学科核心素养，参照《义务教育体育与健康课程标准（2022年版）》的内容要求和水平分类，依据不同水平学习内容的组织和课时比例分配要求，并结合教材及教师参考用书中相关要求来进行。

（三）原则

尽管不同学习模块的内容构成的单元规模不同，但在单元规划时，均应遵循以下三个原则：

1. 整体性原则

在体育与健康单元规划过程中，要从宏观上把握教材，构建出完整的教学内容，改变单一的知识点或运动技术的教学，通过结构化、整体化的教学来培养学生的学科核心素养。要求将单元规划放到整个课程中思考，包括明确单元在课程中的教育作用、厘清本单元与同类型性质其他年段单元的纵向关系等。

2. 针对性原则

规划单元主题时必须针对各学段学生认知水平和技能学习的能力，各学段教材内容的难易程度和学校现有场地器材条件，以及体育课程改革的需要选择单元主题级别的大小和规模　使之符合实际需要。小学低年级教学注重兴趣化，内容比较简单，单元规模应以小单元为主。

3. 科学性原则

规划单元主题必须明确规划的起点和终点，以研读《义务教育体育与健康课程标准（2022年版）》和教材为起点，根据教材内容特征和不同学段学生的年龄特征，遵循学生身心发展的规律、认识事物的规律、运动技能形成的规律、人体机能适应性规律，梳理主题级别，最终确立单元主题和规模等规划流程，确保单元规划的科学性。

（四）分类

关于单元的划分，因其分类标准存在差异，不同的学者提出不同的分类，如活动单元、题材单元、运动技术单元、基本理论知识单元、运动处方单元、课题单元和教材自然单元等。

（五）规模

单元规模应根据《义务教育体育与健康课程标准（2022年版）》中的水平分类及课时建议，综合学情和体育课程改革的要求来确定。一般情况下，小学以1～3课时的小单元为主。

二、单元规划设计建议

基础知识中的二级主题由同一类的若干三级主题组成，形成了一个自然的单元。建议在规划基础知识单元主题时以二级主题为宜，从而使得单元相对独立，规模大小适中。在实践类单元规划时，单元主题级别和规模应根据课程标准中的学习内容、水平分类及课时建议，结合学情来确定。

小学一、二年级：小学低年级的学习内容比较简单，主要是一些体验性的身体基本活动，建议基本内容 I 中的"基本活动一"的单元主题主要采用三级主题，"基本活动二"的单元主题可采用二级主题（如队列与队形）或三级主题（如民族民间体育运动：跳绳）。基本内容 II 的单元主题（如小篮球）和自主选学内容的单元主题（如轮滑）主要采用二级主题。单元规模以小单元为宜（1~3课时，即2~6课次）。

小学三、四、五年级：虽然小学三到五年级的学习内容体现的运动项目特征与小学低年级相比更为明显，但根据该年龄段的学生特点，建议基本内容 I 中的"基本活动一"的单元主题主要还是采用三级主题，"基本活动二"的单元主题可采用二级主题（如攀登与爬越）或三级主题（如滚翻与支撑跳跃）。基本内容 II 的单元主题（如小足球）和自主选学内容的单元主题（如攀岩）主要采用二级主题。单元规模以小单元为宜（1~3课时，即2~6课次）。

随着学校体育改革的不断深入，在单元的划分上可以拓展思路，大胆尝试多种分类，以适应学校体育改革发展的需求。如在足球教学中，可以将运球、传球、过人和射门等基本技术组合起来成为一个实践单元。

三、单元规划设计案例

小学三年级"支撑与悬垂：爬墙手倒立"单元规划案例

（一）案例背景

爬墙手倒立是《体育与健身》小学三年级教材的内容，如何规划爬墙手倒立这一学习内容的单元，是每个体育教研组必须思考的问题，也是提高教学有效性的基础。在研读《指南》中的单元规划建议后，体育教研组就下列问题进行了讨论，着手进行单元的规划。

问题导向：

第一，在单元规划时我们要研读《义务教育体育与健康课程标准（2022年版）》和教材的哪些相关内容与要求？

第二，单元规划的主题级别是选择二级主题（支撑与悬垂）还是三级主题（爬墙手倒立）更合适？

第三，单元规模是否适合本校三年级学生的学情？

（二）案例过程

1. 研读课标

"支撑与悬垂：爬墙手倒立"是基本内容Ⅰ中的"基本活动二"的内容，学习水平为A，支撑与悬垂课时建议为20课时（见表6-1-1）。

课时建议：76课时（滚翻与支撑跳跃：32课时；支撑与悬垂：20课时；攀登与爬越：10课时；韵律活动：14课时）

表6-1-1　学习内容与水平要求

二级主题	主要学习内容与水平要求			
	内容分布	三年级	四年级	五年级
2.3.1 滚翻与支撑跳跃	2.3.1A	A	B	B
	2.3.1B	A	A	B
	2.3.1C	A	A	A
2.3.2 支撑与悬垂	2.3.2A	A	B	B
	2.3.2B	A	A	B
	2.3.3C	A	A	B
2.3.3 攀登与爬越	2.3.3A	A	A	B
	2.3.3B	A	A	B
2.3.4 韵律活动	2.3.4A	A	A	B
	2.3.4B	A	A	A
	2.3.4C	A	A	B

　　水平分类：为确保课程目标的达成，针对学生年龄和学习能力的差异，根据《义务教育体育与健康课程标准（2022年版）》的具体内容和教学实际，以"合理、可行"为原则，从"知识与技能、过程与方法、情感态度价值观"等维度，全面反映课程教育教学的要求（见表6-1-2、表6-1-3）。

表6-1-2 "知识部分"的学习水平分类及要求

水平分类	基本内涵	行为动词（判断）
知道 A	能对体育健身、安全知识和运动规则等事实性知识进行回忆、辨认，说出或辨认，或用肢体加以表达	知道（概念、因果关系、术语和组成部分） 回忆（主要知识、动作名称和运动规则） 辨认（动作的顺序、特点和作用） 列举（归属某一体育健身知识、方法的现象和事物） 识别（正与误、基本特征、用肢体表达） 描述（身体感受、青春期特点、动作原理和主要知识点）
理解 B	能正确把握体育健身、安全和运动规则等知识、方法的含义，在一定情境中对主要知识进行解释与说明，懂得知识间的内在联系	解释（规律、概念、原理和主要知识点） 说明（所学内容的特征、属性和知识间的联系） 比较（性质、价值、特点、方法和正误） 举例（结合情境对主要知识进行解释和说明） 分类（相关内容进行同质和异质区分） 推断（体育健身的操作性、健身性和安全性）
运用 C	能将一些体育健身概念、原理或规律、规则等知识运用到身体练习和日常生活之中，并尝试分析、解决和评价健身过程中的问题及效果	使用（概念、原理、规律、规则等知识） 分析（个人和他人的体能基础、健身兴趣和自主能力） 组织（科学合理的体能训练、技能练习和健身活动） 解析（分析、用途和影响因素，解决体育健身的问题） 应用（概念、原理、规则和防护等知识，指导健身实践） 执行（规则或落实方案，用体育理论知识指导健身实践）

表6-1-3 "技能部分"的学习水平分类及要求

水平分类	基本内涵	行为动词（判断）
模仿 A	能参照动作示意图、动作示范或在他人指导下完成单一动作技能的操作任务或从事相应的身体练习	领会（动作要领和完成动作的关键） 观察（演示、动作技术和技能，形成动作表象） 模仿（按一定样例完成单一技能） 识记（能用肢体表达方式呈现相关动作技能） 表现（动作技术、技能和健身、防护方法等）

水平分类	基本内涵	行为动词（判断）
熟练 B	能对动作表象和练习要求进行较正确的判断，独立或借助外力操作所学的动作技能、健身方法和运动规则	参照（动作示意图和动作示范） 选择（技术、技能、方法和手段） 积累（体能练习、技能学练和问题解决的基本经验） 判断（特征、特点、要点和适宜的方法手段） 独立（独自完成单个或多个动作技能的操作任务） 操作（结合情境呈现动作技能、健身方法、规则运动） 完成（驾驭基本运动、健身项目和运动项目练习）
组合 C	能独立选择相关的过程与方法或采用某一方面知识与技能，熟练掌握多种动作技能，解决体育健身中实际问题，达到学练的效果	选择（适宜的软、硬条件和动作技能、适宜的运动负荷） 归纳（特征和条件、统整知识技能、方法，或按需划分） 计划（练习内容和时间、练习次数和强度、健身处方等） 探究（适合的健身方法、运动强度和健身实践中的问题） 评价（正误、锻炼效果、解释练习内容和活动方案） 设计（组合动作、身体活动和解决健身实践问题的方案） 建构（知识技能和能力、健康的生活方式、用于新情境）

2. 研读教材

爬墙手倒立是《体育与健身》三年级教材身体活动板块中健身乐园里的内容。

摘录教材中的动作方法：

【预备姿势】

间距30～60厘米背对墙壁站立。

【动作过程】

（1）两手臂分开略宽于肩，直臂顶肩支撑于地面，双脚依次蹬墙上移，双手向墙移撑，双腿尽量蹬直。

（2）一条腿屈膝用脚背与膝关节顶在墙面。

（3）另一条腿尽量伸直举高，用脚尖触顶墙面高处。

（4）处于低位的腿伸直向上，双腿并拢成倒立状。

【重点难点】

用力顶肩、提臀。

3. 选择主题级别

依据《义务教育体育与健康课程标准（2022年版）》，综合考虑教材内容的难易程度和三年级学生的基本学情，对单元主题的级别和规模进行比较、梳理和判定，确定为三级主题。

4. 确定单元主题与规模

"支撑与悬垂：爬墙手倒立"单元主题与规模见表6–1–4。

表6–1–4　"支撑与悬垂：爬墙手倒立"单元主题与规模

单元主题	水平分类	单元规模	课时
支撑与悬垂：爬墙手倒立	A	小单元	2

（三）案例检核

"支撑与悬垂：爬墙手倒立"单元规划属性核检表见表6–1–5。

表6–1–5　"支撑与悬垂：爬墙手倒立"单元规划属性核检表

单元名称	支撑与悬垂：爬墙手倒立
学习模块	■基本内容Ⅰ　□基本内容Ⅱ　□自主选学内容
主题级别	□二级主题　■三级主题
单元类型	■实践单元　□理论单元
单元规模	■小单元（1～3课时）（4）课次
	□中单元（4～8课时）（　）课次
	□大单元（9课时及以上）（　）课次

第二节　单元教学目标设计案例解析

一、单元教学目标设计概述

（一）界定

单元教学目标是指教学活动的主体在学科的单元教学活动中所要达到的预期结果和标准。单元教学目标的设计是对课程目标的分解，是课程目标的具体化，是单元教学设计中的核心元素，它具有更明确、更具体的指向性，是落实学科核心素养的基本单位。单元教学目标虽然比较具体，但它不是分散的、孤立的，而是互相联系的，在整个教学目标体系中具有承上启下、前后关联的作用。科学合理地设计单元教学目标，对实现课程目标具有决定性的作用。

（二）依据

《义务教育体育与健康课程标准（2022年版）》是单元教学目标设计的理论依据。《义务教育体育与健康课程标准（2022年版）》对教学目标的论述充分体现了目标与内容的统一性。每一个项目学习标准都有相关内容的教学目标，同时，《义务教育体育与健康课程标准（2022年版）》还特别关注与该目标相关的教学活动，并提出与之对应的活动建议。

在进行具体单元教学目标设计时，要根据单元内容的特性来确定，要在对单元内容知识点的准确把握的前提下，分析其中的育人元素，提出教学的重难点，为确立单元教学目标奠定基础；还要充分考虑学生的年龄特点、身心发展规律和已有的学习状态以及兴趣、态度、需要、学习倾向等个性因素，以确定学生要达到什么样的程度和水平，侧重发展何种能力，使单元教学目标设计更具有针对性。当然，在进行单元教学目标设计时，还应考虑学校场地、器材、资源等实际条件的许可，使单元教学目标的设计适应客观条件，具有可操作性。

（三）分类

诸多教育目标分类理论都十分注意按照学习行为从简单到复杂的顺序，有层次地组织教学目标。这样的划分揭示学习行为从低级水平向高级水平不断发展的内在有序性。

《义务教育体育与健康课程标准（2022年版）》将课程目标分为身体发展、知识技能、心理发展和社会适应四个方面，反映课程方案提出的"知识与技能、过程与方法、情感态度与价值观"的要求，使整个教学目标的定位从知识中心向能力中心转变，促使学生运动知识技能学习的过程也成为学会体育学习、形成态度价值观的过程。

单元教学目标是课程目标的具体化，要根据课程目标的分类要求进行第二次选择。在具体设计时，可从运动认知、健身实践、社会适应三个维度出发设定单元教学目标。

（四）方法

单元教学目标的表述方式可以分为行为主体、行为表现、行为条件以及行为程度。行为主体主要说明是谁学，单元教学目标的行为主体是学生；行为表现指学到什么，单元教学目标的行为表现是指学生能知道或者能做到什么，是预期的学习结果，这些学习结果可以通过具体的行为表现表述出来。预期的学习结果可以分为两类：结果性目标（如掌握立定跳远技能）、表现性（体验性）目标（如一年级学生体验前滚翻动作的态度和兴趣）。行为表现使用行为动词进行表述，如掌握、学会、演示等。行为条件是指怎么学，包括影响学习结果或者完成学习任务的特定限制或范围等。行为程度是反映学习的表现程度或结果达到的程度。

二、单元教学目标设计建议

（一）基于标准，把握课程教学指导思想

学科教学指导思想是一种理念、原则，是体育教学的价值取向，是体育教学工作的指南。体育与健身课程是一门具有健身性、实践性和综合性的基础性课程，它以身体练习为主要手段，以传授体育健身知识、技能和方法为主要学习内容，以促进学生身体、心理和社会适应能力全面发展为目标。它依据体育教育特征，遵循学生认知规律和身心发展特点，突出身体运动与思维活动的紧密结合，选择与创新体育教学方法和手段，帮助学生掌握体育健身知识、技能和方法，提高体能和运动水平；引导学生体验学练过程，关注态度、情感和行为的变化，提高自主健身能力，促进学生形成课外锻炼的习惯，增强终身体育意识。

教师应该了解、掌握体育与健身课程价值，指导学生通过课程的学习、体验、自我锻炼和自我健康管理等教育教学活动，促进所获得的必备品格与运动认知、健身实践、社会适应等关键能力的有机融合，形成科学、合理的健身方式，并对机体施加影响，改善自身健康、提升生活质量。体育与健身课程是个体适应未来社会，实现全面发展的基本保障。

（二）基于标准，厘清教材内容主旨

教材分析就是针对学科的具体教材内容，通过分析，厘清教材结构和技术技能，明确构成教材的要素及其相互间的关系，了解单元教材的基本内容、知识体系、结构特点以及各部分知识之间的内在联系和逻辑关系，并结合课程标准的要求，同时分析学情、教材的知识结构，分析单元教学目标要求和教学重点、难点，从而确定单元教学基本方向。

明确课程标准对单元教材内容的具体要求是什么，掌握单元教材中的全部知识，掌握单元教材内容在年段中的作用、地位以及育人价值。还要了解单元教材内容中技能的难易程度，与技能学习相关的基本技能、体能以及其他学练要求。经过上述步骤和准备，从而厘清教材内容主旨。

厘清单元教材的教学内容主旨，能够为选择合适的教学策略、方法，设计教学环节与过程，规划场地器材使用以及安全措施等做好铺垫，准确把握相应体能练习和运动负荷要求。

（三）关注学生，把握教学内容起点

要想做好单元教学目标设计，教师应该充分掌握学生的基本状况。要认真分析学情，主要包括学生已有的体育知识基础、体育技能水平以及体能变化，例如体育学习能力、体育技能掌握等因素。分析单元教材内容中所蕴含的体育学习心理特点，预测学生学习体育技能时易犯的错误及纠正方法。同时，了解学生的学习情况，力图掌握学生的体育学习态度、情感性格等个性心理以及学习体育需要、动机、兴趣等个性化倾向。了解掌握这些因素，教师制定单元教学目标时才会更具针对性和实效性。

根据单元教材内容特点、学生学习认知能力、教师教学能力和学校资源状况等因素，预设单元课时规划，制定相应的课时教学目标。

（四）基于标准，正确制定单元教学目标

课程标准是制定教学目标的首要依据。课程标准的核心是课程目标，它规定了教学目标的基本范围和要求，是对所有学习者提出的共同基本要求，具有普遍性和共通性，但是，它难以兼顾具体的学校、学生，大多与具体的课堂教学存在一定的距离。制定单元教学目标既要遵循课程标准提出的基本要求，又应该结合教学实际进行调整和创新，把课程标准提出的要求通过分解转化成为符合学校教学实际的教学目标。

教学目标是教学活动实施的方向和预期达成的结果，是一切教学活动的出发点和最终归宿。在教学过程的设计和实施中，教师应以内容标准为依据，综合考虑各年龄段学生的特点，制定切合学生学习的教学目标，积极探索多种教学手段和方法，使学生学习达到一定的广度和深度。

三、单元教学目标设计案例

小学二年级"跳跃：跑几步单脚起跳越过一定高度的橡皮筋" 单元教学目标设计

（一）案例背景

1. 对应"内容与要求"

基本活动一般包括走与跑、跳跃和投掷，是一、二年级最基本的教学内容，也是学生学习其他内容的基础。它是人体最基本的活动方式，对发展学生的机能、身体素质和基本活动能力，提高自然环境适应能力起着重要作用。

本主题教学主要采用情景化、游戏化、趣味化、直观化的教学方法手段，引导学生观察、模仿、感知和体验学习内容，充分发掘本主题内容在兴趣激发、习惯培养等方面的教育作用。

2. 学习内容与水平要求

该案例学习内容与水平要求见表6-2-1。

表6-2-1　学习内容与水平要求

二级主题	主要学习内容与水平要求		
	内容分布	一年级	二年级
1.2.1走与跑	1.2.1A走	A	B
	1.2.1B各种距离跑	A	A
	1.2.1C接力跑	A	A
	1.2.1D走与跑的组合	A	A
1.2.2跳跃	1.2.2A基本跳跃	A	A
	1.2.2B跳远	A	A
	1.2.2C跳跃组合	A	A
1.2.3投掷	1.2.3A投掷轻物	A	A
	1.2.3B投掷实心球		A
	1.2.3C投掷综合活动		A

3. 教材内容的分析与理解

"跑几步单脚起跳越过一定高度的橡皮筋"是上海市小学《体育与健身》基本内容Ⅰ跳跃类教材中的一项主要教学内容。它是在一年级单跳双落的基础上，引入助跑与踏跳结合的动作，为三年级正面助跑屈腿跳高技术动作的学习以及日后蹲踞式跳远的学习打下基础。它由助跑、助跑与单脚踏跳的结合、腾空收腿、两脚同时落地屈膝缓冲四个部分组成，主要是让学生掌握单脚踏跳有力、积极屈膝上提的动作要领。本单元共安排4个课次，本课教学重点是单脚踏跳有力，难点是助跑与踏跳的结合。

（二）案例过程

1. 学习课标要求，分析教材内容

按照流程规格思考单元教学目标要素，首先要研读该项教材内容在课程标准中的地位和作用，厘清跳跃的教材内容在二年级的分布和学习要求，明确具体教材内容以及教材之间的关联，掌握"跑几步单脚起跳越过一定高度的橡皮筋"教材内容的特点和作用。同时，分析二年级该教材内容的学习水平和要求，确定该项教材内容的重点、难点。

第一，跳跃要求。根据学生的跳跃能力设置不同高度、不同种类的障碍，让学生在跑动中尝试不同高度的跳跃后，选择适合自己高度的分类区域进行练习，体验学习一脚用力蹬地起跳、两腿屈膝上提越过橡皮筋、双脚平稳落地的动作方法。

第二，水平要求"A"。

2. 确定教学重点

通过对教材进行分析和学习，提炼教材的核心内容，随后确定教学重点：单脚踏跳有力。

3. 确定教学难点

通过对教材教法进行分析，结合学生学习基础、身心特点以及能力水平等情况，确定相应的教学难点：助跑与踏跳的结合。

4. 以问题为导向，制定单元目标

在单元教学目标设计之前，教师要认真思考以下问题：

第一，课程标准中对二年级跳跃内容的学习具体有哪些要求？"跑几步单脚起跳越过一定高度的橡皮筋"学习内容对应的学习水平是哪一级？

第二，对于"跑几步单脚起跳越过一定高度的橡皮筋"教材内容的学习基础是什么？学生已经学会的跳跃基本技能有哪些？

第三，"跑几步单脚起跳越过一定高度的橡皮筋"教材内容的教学重点是什么？依据学生具体情况，该项教材的教学难点又是什么？

第四，"跑几步单脚起跳越过一定高度的橡皮筋"单元教学目标中的各个维度，即运动认知、健身实践、社会适应对应的目标要素以及学习水平与要求各是什么？

5. 依据三个目标维度，叙写单元教学目标

首先，明确学习水平："知识部分"分为A知道、B理解、C运用；"技能部分"分为A模仿、B熟练、C组合。

其次，"跑几步单脚起跳越过一定高度的橡皮筋"教材内容的单元学习目标包括运动认知、健身实践和社会适应三个维度。单元目标的叙写在行为动词的选择上需要对应学习水平和要求。

（三）案例检核

对于已叙写完成的"跑几步单脚起跳越过一定高度的橡皮筋"单元教学目标，要与属性表的要求进行对照，确保单元教学目标叙写中体现了相应的属性要求，以便构成完整、明确的单元教学目标。

第一，教师制定单元教学目标，首先要明确教学目标的三个维度，围绕学科单元教学目标的三个方面，正确运用表述学习水平的行为动词，准确表达具体目标。对照属性表，"跑几步单脚起跳越过一定高度的橡皮筋"单元教学目标应当体现属性表中的各项要素，达到制定单元教学目标的基本要求。

第二，制定单元教学目标，必须依据课程标准要求，理解该项教材内容在课程中的地位、作用与具体要求，才能明确该项教材内容的实施要求。

第三，正确理解"跑几步单脚起跳越过一定高度的橡皮筋"教材内容的特点、作用以及教育教学含义，以便明确该项教材内容的教学要求，把握教学的重点、难点。同时要掌握学生的具体学情和学习需求，以便制定具体教学目标。（见表6-2-2）

表6-2-2 二年级"跑几步单脚起跳越过一定高度的橡皮筋"单元教学目标设计属性表

教学重点		■关键技术 □核心知识
教学难点		■不易掌握的技能 □不易理解的知识
学习水平		■A □B □C
目标维度	运动认知	学生掌握"跑几步单脚起跳越过一定高度的橡皮筋"的相关知识，初步学会起跳有力、屈膝上提的动作要领，并在练习中树立自我保护的安全意识，学会屈膝缓冲
	健身实践	带动学生积极参与在多种情境中起跳越过具有一定高度的多种障碍物的练习，初步掌握单脚起跳有力的方法，提高动作协调性和跳跃的能力，增强下肢力量
	社会适应	学生要尝试和挑战不同难度的跳跃练习，能在多人小组练习中学会交流与合作，并能正确处理竞争与合作的关系

第三节　单元学习活动设计案例解析

一、单元学习活动设计概述

（一）界定

单元学习活动是在单元教学目标指导下，聚焦单元内容重点，突破单元学习难点，提升自主健身能力的实践活动。

单元学习活动设计要从单元教学目标出发，基于教材教法分析，根据学生学习需求，构建单元"主要问题"的框架，在此基础上设计"解决问题"的具体步骤与路径，为学生提供必要的、关键的运动经验。

（二）原则

单元学习活动的设计基于教师对整个教学单元的理解，是有效完成教学任务的中介与桥梁，活动设计决定着整个单元教学的有效性，因此单元学习活动设计根据体育学科的特点需遵循以下原则：

1. 目标导向原则

目标导向的单元活动设计要求教师在设计教学活动时，应依据《义务教育体育与健康课程标准（2022年版）》的基本要求，厘清整个单元的结构体系，确定学习内容所承载的三维目标，选择活动的内容、形式，依据学生在活动中的可能表现，设计相应的评价等，体现目标、活动及评价的一致性。

2. 主体实践原则

学习的主体是学生，单元活动的主体无疑也应该是学生。在单元活动中，要着力满足学生的学习需求和兴趣爱好，从单元整体设计、活动内容安排、方法手段选用到学习评价，突出以学生的发展为本，重视学生的主体地位，充分发挥教师的主导作用，在单元活动中关注学生情感、态度和行为的变化，为学生提供更多的练习时间和空间，注重分析问题与解决问题能力的培养，完善体育学习方式，提高身体锻炼质量，让学生获得体育健身的乐趣、审美情趣和成就感，促进学生个性健康发展。

3. 健身实效原则

体育与健身课程是以身体练习与思维活动紧密结合为特征的，在单元活动中突出以动为主，增强健身实效。依据动作技能形成和身体锻炼的基本规律，结合学生身心发展特点和个性差异，单元活动设计应以满足学生身体所承受的运动负荷为需求，内容选择应以所学单元的科学原理、功能、价值为基础，精选与学生全面发展紧密联系的终身体育必备的知识、技能和方法，给学生创设更多的身体练习环境、条件和机会，激发学生体育学习的兴趣和求知欲，促进个性健康发展，切实提高体育健身实效。

4. 安全保障原则

在单元学习活动设计中要根据体育教学中存在的安全问题，对学生进行相关的安全运动的教育。在活动设计中必须周到地设想所有可预测的危险因素，及时对学生进行安全教育，建立与运动安全有关的安全保障制度和设备检查环节，并在活动过程中设立安全员，重视对学生安全运动意识的培养。

（三）分类

学习活动的分类形式多样，可以按时空分类，也可以按场地、认知过程等分类。为了使教师在实际教学中更好地操作，我们以学科核心素养的三个维度即运动认知、健身实践和社会适应为依据，结合学科特点——以身体练习为主的特征，在体育课堂教学中，把学习活动大致分为以下三类：学习、掌握、运用运动技能的活动，简称"技能活动"；从学生身体健康的角度出发，主要发展一般体能和专项体能的活动，简称"体能活动"；基于学生的全面发展来设计的综合活动，简称"综合活动"。

单元活动设计要基于单元目标，立足于单元核心内容，除在把握重点的基础上整体架构教学环节外，还需厘清课堂教学环节中的各类活动属性及对应的学科核心能力发展，这样才能结合学生的知识水平与基础能力设计有效的活动。目标的界定融入了学科的核心素养和学习的主要经历，基于实践领域，指向核心能力。技能活动的学科核心能力主要指向运动技能、特定的健康知识、健身知识和方法等。体能活动的学科核心能力主要指向基本的活动，例如健身运动、专项体能、运动负荷的判断与调适等。综合活动的学科核心能力主要指向教材组合与创编，包括游戏与比赛运用、规则理解、交往合作、应急与适应等。主要的活动类型通过与学科的核心能力相对应，活动属性也将对应课程的三个主要实践领域（技能、体能和综合活动），决定了每一类的活动属性都各自对应着学科学习的要点和能力培养侧重点，活动设计路径和微结构呈现的规格所对应的活动属性与能力正是教学实践中一般规律的归纳，目的是帮助教师在活动设计时抓住关键点、把握操作要领。在动态的教学过程中，为了达成目标、突破重点、化解难点，有时在一个活动中需要渗透多种活动类型，需要教师根据目标自行判断与使用。

（四）要素

按照体育与健身学科单元活动设计的四项基本原则的要求，单元学习活动设计应包含单元主要问题、目标、情境、角色、资源、过程、安全保障和评价八项基本要素。教师在进行单元活动设计的过程中，首先要依据目标导向原则明确活动的目标；在此基础上依据所确定目标的特点，提炼出该单元的主要问题。其次在主体实践原则的要求下，围绕目标创设合理的活动情境，学生在活动中根据目标和任务扮演活动角色，满足心理需求，并符合健身实效原则；在设计过程时应思考需要哪些资源、安全是否得到保障。最后，还需要通过评价来反思其设计是否符合四项原则，是否能够达成单元教学目标。

单元学习活动设计不同于每节课的教学活动设计，是立足于单元的角度对同一个单元的体育教学活动进行整体设计和规划。在设计单元学习活动之前，不仅要关注本单元内部知识之间内在的联系，还要关注单元学习活动设计（见表6-3-1）与单元资源设计、单元评价设计等的相互联系。

表6-3-1　单元学习活动设计要素定义

要素	定义
单元主要问题	单元教学的重点和难点的设问，为单元学习活动设计提供指向
目标	学生通过活动达成的预期结果，包括运动认知、健身实践、社会适应三个维度的学生表现
情境	基于目标创设的活动环境，体现真实性、建构性、互动性、有效性等特点
角色	每个参与活动的学生的身份及其行为模式。如游戏比赛中的角色、活动中的保护者与练习者等
资源	完成活动所需的各类场馆、器材、媒体、工具等，为学生完成活动任务、达成学习目标创造条件并提供环境
过程	根据体育活动类型，在真实的情境中对单元主要问题进行分解，需要学生按照角色去完成的认知和实践过程
安全保障	考虑开展活动所需要的相关安全保障并落实
评价	确定学生已经达成目标或理解问题的证据，包括表现性任务、定量数据量化，以及学生的自我评价和反馈等，是对单元活动过程和结果进行价值判断的过程

二、单元学习活动设计建议

（一）活动设计需要注意的问题

1. 单元学习目标与活动目标之间不能僵化对应

单元学习目标是多维度的，作为一个有机整体分为若干条融合阐述。在活动设计时，并不是一个活动僵化地对应一条学习目标，而是多元对应，也可能一条学习目标对应到多个活动或一个活动可以达成多条学习目标。

2. 活动类型的确立

根据体育学科特点，核心活动的分类主要指向技能活动、体能活动、综合活动三类，但在设计具体活动时，有时一个活动会包含几种类型的活动，我们要分析判断并根据单元学习目标和问题导向确立其活动类型，了解活动所对应的学习要点和能力培养的侧重点。

技能活动的微结构主要是感受知识与技术、学练技能与方法、身体表现与运用等几个方面；学习的要点与关注点主要是知识、规则、安全、基本技术、学练过程、学习经历等；学科能力的侧重点主要是动作图示的理解、基本技术的模仿、身体姿态的控制、保护与帮助的方法、提示与即时评价等。

体能活动的微结构主要是健身知识与方法、体能练习与负荷、运动训练与巩固等几个方面；学习的要点与关注点主要是青少年身体发展的敏感期、学练的方法与运用的手段、体能练习的方式、运动负荷等；学科能力的侧重点主要是一般体能与专项体能的理解、运动负荷的判断、运动量的调适能力、自我锻炼的方法与运用、持续健身等。

综合活动的微结构主要是知识方法与规则、内容组合与创编、兴趣合作与适应等几个方面；学习的要点与关注点主要是教材有层级结构关联的内容组合、游戏与创编、比赛中的运用、兴趣与价值等；学科能力的侧重点主要是规则的理解、技术的整合利用、判断与调整、身心的调适能力、健身环境的适应能力等。

（二）活动设计的方法

第一，单元学习活动设计是整个单元教学实施的关键环节，是实现单元目标的基本途径。只要有助于达成单元活动目标，我们鼓励教师进行有个性、有创新的活动设计，提倡活动设十多元化。

第二，单元学习活动设计的操作过程是从文本走向实践的桥梁。在活动设计过程中，教师在参考属性表进行设计的同时，根据具体活动主题、目标，提升学生在学习活动中的自主性、合作性、探究性、实践性能力是关键。

第三，整体设计活动。同一个活动，用于不同的时机、对象或采用不同的形式，活动性质都有可能发生改变。所以，要将每一个活动置于单元活动群中进行整体考虑。活动群中的一个个活动相对独立又内具关联，协同作用达成整体的学习目标。根据实际的教学情况，还可以通过重组、取舍、补充等实现动态设计和调整，只是需要注意整体的连贯、层次逻辑、前后呼应等问题，使活动设计更具解释性和说服力，避免随意而带来的低水平的点状碎片化学习。

三、单元学习活动设计案例

二年级"跳跃：立定跳远"单元学习活动设计

（一）案例背景

本单元活动是教师通过创设各种情境，让学生在各种不同的活动中体验参与跳跃游戏的乐趣，享受活动带来的喜悦，发展学生跳跃能力。通过本单元的活动，使学生树立安全活动的意识，建立安全活动的规范，并养成乐于交流、合作互助的学习习惯。

（二）案例过程

1. 单元学习活动设计框架

该案例单元学习活动设计框架见表6-3-2。

表6-3-2　单元学习活动设计框架

单元名称	立定跳远		
单元目标	1. 学生学会立定跳远动作方法，提高动作协调和向远处跳跃的能力，增强下肢力量。 2. 学生参与各种跳跃游戏的学练，享受各种跳跃游戏活动带来的乐趣和成功的喜悦。 3. 使学生树立安全活动意识，建立安全活动的规范，养成乐于交流、互助合作的学习习惯和积极进取的良好品质		
主要问题	在各种跳跃游戏活动中，学生学会起跳有力、落地平稳的立定跳远动作技能		
	活动一	活动二	活动三
活动类型	技能活动	体能活动	综合活动
活动水平	A	A	A

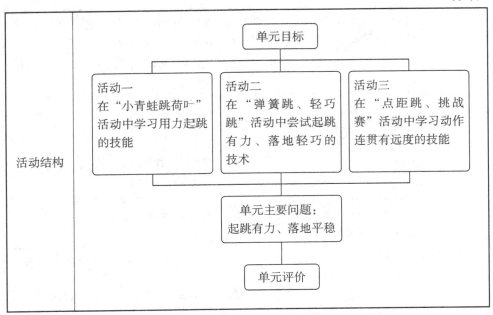

2. 单元学习活动

单元学习活动一的安排见表6-3-3。

表6-3-3 单元学习活动一

确定目标	活动主题：小青蛙跳荷叶
	活动目标：通过"小青蛙跳荷叶"活动，学生学会两脚蹬地向远处跃起和落地缓冲的动作，发展下肢力量和跳跃能力，提高空间意识，并在活动中学会与伙伴合作轮流活动，养成乐于交流、合作互助的习惯
	学习内容：立定跳远
设计方案	活动类型： ■技能活动　□体能活动　□综合活动
	活动水平： ■A　□B　□C
	活动资源： ■场地、器材资源 □信息　□文化资源 □图片资源 场地、器材资源：平整场地一块、标志盘33块、标志桶4个、扩音器一套、评价表一张

设计方案	情境：创设活动场景，引导学生模仿小青蛙的跳跃动作方法，思考它是怎样跳过单片荷叶，如何跳过多片荷叶，特别是跳过有高度的荷叶的
	角色：三只小青蛙结伴练习跳荷叶，分工合作观察，看看哪只小青蛙跳过的荷叶最多
落实方案	过程： 1.教师讲解青蛙跳的动作，学生仔细观察。 2.学生模仿小青蛙积蓄能量跳的本领，跳过单片荷叶。 3.教师讲解示范跳过多片荷叶的方法，学生聆听教师的话。 4.学生三人一组入情入境参与游戏活动，遵守游戏规则。 5.教师提醒学生向前向上摆动胳膊，像火箭一样起飞并要平稳落地。 6."小青蛙们"相互鼓励，选择适合自己的距离和高度的荷叶，用力跳过荷叶，平稳落地
	安全保障： ■器材的安全 □保护与帮助——安全提示——教师在学练活动中不断提示学生注意间距，选择适合自己的高度和远度进行练习
评价方案	评价： 1.教师表扬模仿逼真的同学，感受双跳双落的动作方法，体验平稳落地。 2.学生要知道自己跳过了几片荷叶，落地时是用全脚掌落地还是脚后跟先着地。 3.学生要知道屈膝缓冲是保护自己不受伤的动作方法。 4.在本活动中学生是否表扬和鼓励过其他伙伴

单元学习活动二的安排见表6-3-4。

表6-3-4　单元学习活动二

确定目标	活动主题：弹簧跳、轻巧跳
	活动目标：在"弹簧跳、轻巧跳"游戏活动中，学生体验立定跳远中用力起跳落地轻巧的动作，发展下肢力量和跳跃能力；使学生树立自信，养成与伙伴有序学练的好习惯
	学习内容：原地蹲跳、注重轻巧落地的立定跳远
设计方案	活动类型： □技能活动　■体能活动　□综合活动
	活动水平： ■A　□B　□C

设计方案	活动资源： ■场地、器材资源 □信息资源 □文化资源 ■图片资源 场地、器材资源：平整场地一块、示范图一套、扩音器一套、评价表一张
	情境：创设活动场景，引导学生模仿弹簧进行原地蹲跳的活动，仔细观察示范图中的完整动作，模仿轻巧跳的方法
	角色：学生自主学练，模仿弹簧用力起跳。根据问题结伴分析轻巧跳，在活动中感受落地轻巧的立定跳远技术
落实方案	过程： 1.教师组织学生进行弹簧跳游戏，引导学生用力起跳并落地轻巧 2.学生自主练习，体验动作 3.教师组织全班一起练习，看看哪个"弹簧"跳得最有力最持久 4.教师设问："怎样跳才能轻巧落地？"学生结伴分析问题，尝试练习，通过活动找到答案 5.教师引导学生根据示范图进行完整动作练习 6.学生尝试练习，结伴互助
	安全保障： □器材的安全 □保护与帮助 ■安全提示 教师在学练活动中不断提示学生注意间距
评价方案	评价： 1.在游戏中，要求学生做到用力向上摆臂并跳起，提醒学生注意落地时是否做到了屈膝缓冲，保持身体的平衡。 2.学生在活动中要做到有序学练，鼓励自己坚持练习

单元学习活动三的安排见表6-3-5。

表6-3-5 单元学习活动三

确定目标	活动主题：点距跳、挑战赛
	活动目标：在"点距跳、挑战赛"游戏活动中，学生学会立定跳远的动作方法，提高跳跃的能力，增强下肢力量；养成积极进取的精神
	学习内容：立定跳远

设计方案	活动类型： □技能活动　□体能活动　■综合活动
	活动水平： ■A　□B　□C
	活动资源： ■场地、器材资源 □信息资源 □文化资源 □图片资源 场地、器材资源：平整场地一块、标志盘33块、标志桶4个、直尺一根、扩音器一套、评价表一张
	情境：创设比赛活动场景
	角色：做一名比赛小达人
落实方案	过程： 1. 教师组织学生结伴练习，比一比能跳过几个点。 2. 教师评价、鼓励学生根据各自的能力进行挑战赛。 3. 学生积极参与挑战赛活动，勇于超越自我
	安全保障： ■器材的安全 □保护与帮助 ■安全提示 教师在学练活动中不断提示学生注意间距
评价方案	评价： 1. 教师要求学生在点距跳活动中能愉快合作，相互鼓励表扬。 2. 教师在挑战赛活动中要求学生积极进取，敢于挑战。 3. 学生要知道自己立定跳远的成绩

（三）案例反思

　　本单元学习活动设计主要采用了教材游戏化、教学情境化的教学方法。因为情境教学法是激发学生对体育活动的兴趣、提高体育课堂教学质量与效果的一种有效的教学形式。活动设计让学生模仿青蛙的跳跃，学习"弹簧跳、轻巧跳"的跳跃方法，参与"点距跳、挑战赛"，由易到难、由简到繁，循序渐进地通过情境、游戏贯穿单元学习活动，学生始终沉浸在角色扮演的良性环境中自觉、自主、能动地学习。

第四节　单元评价设计案例解析

一、单元评价设计概述

（一）界定

单元评价是根据单元教学目标，运用科学、合理的评价工具，通过系统收集、分析、整理信息，对单元学习的过程与结果进行的价值判断和反馈。要明确学习评价目的，客观反映体育学习结果，帮助学生、教师进行回顾与反思；真实反映体育学习过程，引导学生确立良好的学习动机。体育与健康课程重视以评价促进学生的学习与发展，帮助学生在评价过程中认识自我，树立自信，体现学科核心素养。

（二）分类

单元评价在教学活动中发挥着不同的作用，一般分诊断性评价、过程性评价和终结性评价三种类型。

1.诊断性评价

诊断性评价也称教学前评价或前置评价，指在单元教学开始前，对学生知识、技能以及情感等状况进行预测和诊断，其目的是让教师了解学情，为后续教学的开展、学习方法的选择和实施提供具体翔实的准备依据。诊断性评价常见的形式有查阅学生的学习档案、与学生进行访谈、课前小测验、问卷调查或课堂观察等。

2.过程性评价

过程性评价指对学生体育学习过程进行的评价，促使学生对学习过程进行积极的反思和总结。它既注重过程又注重结果，是一个观察和评价相结合的过程，帮助教师和学生对正在进行的学习过程的质量及时把关，促使学习过程更加有效。其评价形式以随堂提问、动作示范或现场观察、记录等为主，目的在于及时向教师、学生反馈评价信息，调整和改进教学工作。一般采用定性评价，如对健身参与、情感合作等指标就以描述性评价为主。

3. 终结性评价

终结性评价指在教学活动告一段落时，为把握单元最终的活动成果而进行的评价，目的是检测一个单元或一个模块的学习是否达到了预先设定的教学目标要求，它注重的是教与学的结果，提供学生学习反馈，改进教师教学行为。其评价形式包括测验考试、表现性评价或归档统计等方式，综合评价学生的学习效果与变化情况，评价结果以分数、等第或图示等形式呈现，如体能、知识与技能指标以定量评价为主，小学采用等第制评价形式。

（三）原则

单元评价设计涵盖内容、能力、素养等领域，使教、学、评一致。围绕体育学科核心素养的具体要求，单元评价应遵循以下原则：

1. 全面性原则

评价的设计应考虑全体学生的实际情况，关注学生体育素养的整体提升，既要考查学生的学习结果，又要考查学生的学习过程；既要评价学生的知识技能目标达成情况，又要评价学生的课堂学习表现，关注学生在学习过程中的变化和发展。不仅要关注学生体育知识技能与方法的掌握，而且要关注学生学习能力的提升及心理品质、合作交往和环境适应等体育素养的发展，力求全面、公平、公正地评价学生的学业状况。

2. 多元化原则

单元评价要体现评价主体和评价方式的多元化。评价主体有教师和学生，适时可有家长参与；评价方式包括日常观察、口头评价、学习单记录、测验考试、成果展示等。同时，用诊断性评价了解学生的认知基础，用过程性评价考查学生学习能力、学习态度和学习表现，用终结性评价获得学生对知识和技能掌握的情况，用定量的分值、定性的等第或评语综合反馈学生的学习成果。

3. 科学性原则

注重过程性与终结性评价相结合、定量与定性评价相结合原则，将评价活动贯穿于学生体育学习的全过程，充分发挥评价的诊断、反馈和激励功能。评价过程中所收集的数据和资料能真实反映学生的实际学习情况，评价工具要精心设计、有效诊断，确实指向学生的体育学科核心素养。评价程序要科学规范，以保证评价所依据的信息客观、准确，确保评价结果的可靠性和有效性。对过程性评价而言，评价维度要科学、有侧重，观测点要细化且具可操作性，评价方式的选择符合单元的特点和性质。对终结性评价而言，教学重点及难点在评价中应有所凸显，实现评价的全面性和科学性。

二、单元评价设计建议

选用合理的评价类型和评价方法，对于准确判断学生单元体育学习情况有着极其重要的作用。单元评价要做到过程性与终结性评价、定量与定性评价的有机结合，既要使用终结性评价，关注学生单元学习知识与技能达成的情况；也要使用过程性评价，关注学生的体育学习过程表现，注重健身参与、情感合作等指标，关注学生体育素养的形成；还要恰当使用诊断性评价，在单元实施前让教师了解学情，为选择和实施教学内容和手段方法提供具体翔实的准备依据。教师需要根据评价指向和评价类型选择合适的评价方法，对各评价表中的项目内容可酌情进行增加或删减。

三、单元评价设计案例

一年级"攀登与爬越：攀登绳架"单元评价设计

（一）案例背景

"攀登与爬越：攀登绳架"是一年级《体育与健身》教材内容，这类教学内容对学生的动作协调性和上下肢力量要求较高，同时，需要学生具有克服困

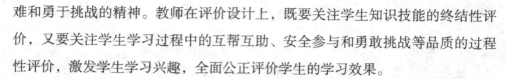
难和勇于挑战的精神。教师在评价设计上，既要关注学生知识技能的终结性评价，又要关注学生学习过程中的互帮互助、安全参与和勇敢挑战等品质的过程性评价，激发学生学习兴趣，全面公正评价学生的学习效果。

（二）案例过程

1. 确定单元评价目标

依据单元"攀登与爬越：攀登绳架"学习的三维目标知识与技能、过程与方法和情感态度与价值观，确定本单元评价目标为：

第一，学生了解简单的攀爬知识，正确完成攀登绳架动作，能够掌握三点固定依附在绳架上攀登的动作方法。

第二，学生参与攀爬各类情境游戏，如"小壁虎学本领""小兵兵攻堡垒""小兵兵庆胜利"等，增强动作协调性和上下肢力量等。

第三，学生能在各种练习环境下主动和同伴一起参加练习，在反复学练中培养克服困难、勇于挑战的心理品质。

2. 制定单元评价标准

（1）确定评价内容

根据"攀登绳架"三点固定依附、手脚协同配合的单元教学重点，确定单元评价核心内容为学练态度、知识技能掌握、社会适应中的人际交往和心理表现。

（2）制定评价标准

根据单元评价内容，选择观测点，制定评价标准。①学习态度：认真观察、积极模仿体验，主动跟随教师的教学进程参与本单元的各种学练活动。②知识技能：能讲出动作儿歌和攀登绳架的动作要领，攀登绳架做到手脚依次上爬或下移，保持有三个固定点依附在绳架上面。③学习表现：在攀登绳架学习中主动积极，搬木板架以及布置场地时善于和小伙伴合作交流，表现出敢于挑战的心理。

3. 明确评价类型，选用评价方式和评价工具

（1）明确评价类型

根据"攀登绳架"的动作在各课次中呈现的难易程度、学生能力的差异，对单元学习知识技能的达成情况采用过程性评价和终结性评价相结合的方式。

（2）选用评价方式

过程性评价运用量表测评、口头评价或课堂观察等方式，检测学习兴趣、学习习惯和学习成果；终结性评价以核检表方式，从动作技术标准入手检测"攀登绳架"技能学习达成情况，两者均采用自评、师评、互评的方式，体现评价的公正公平。

（3）选用评价工具

过程性评价主要根据观测点设计评价量表，进行课堂观察记录；终结性评价选用等级量表——《上海市体育与健身学科技能项目核检表》。

4. 单元评价操作

（1）单元终结性评价

从动作技术标准入手检测技能学习的达成情况，采用自评、师评、互评方式。（见表6-4-1）

表6-4-1 一年级"攀登与爬越：攀登绳架"单元终结性评价表

单元主题	攀登与爬越：攀登绳架				
学生姓名		评价者		评价结果	
等级评价	评价标准				
优秀	三点固定依附在绳架上，手脚协调地快速上爬或下移				
良好	三点固定依附在绳架上，手脚比较协调地上爬或下移				
合格	能够三点固定依附在绳架上，能手脚依次上爬或下移				
须努力	三点不够固定，在帮助下能够上爬或下移				

（2）单元过程性评价

根据教材特点、低龄学生特点和创设的各类情境练习内容，主要从学习兴趣、学习习惯和学业成果三个维度入手，选择有针对性的观测点确定评价标

准，给予评价。（见表6-4-2）

表6-4-2　一年级"攀登与爬越：攀登绳架"单元过程性评价表

单元主题	攀登与爬越：攀登绳架			
评价对象		评价者		评价结果
评价维度	观测点	评价标准		评价结果
学习兴趣	观察能力	在看视频和图片回答问题以及教师示范和学生展示过程中，积极观察，认真投入		☆ ☆ ☆ ☆ ☆
	模仿能力	主动模仿教师攀登绳架的动作，并达到一定的正确率		☆ ☆ ☆ ☆ ☆
评价维度	观测点	评价标准		评价结果
学习习惯	自主练习	在自主和小组合作攀登绳架过程中，积极主动		☆ ☆ ☆ ☆ ☆
	合作交往	在搬木板架以及布置场地过程中，主动和小伙伴合作，一起互动交往		☆ ☆ ☆ ☆ ☆
学业成果	表达能力	能讲出动作儿歌和攀登绳架的动作要领		☆ ☆ ☆ ☆ ☆
	自我展示	能主动举手展示活动，正确完成攀登绳架动作		☆ ☆ ☆ ☆ ☆
	动作正确	手脚依次上爬或下移，保持有三个固定点依附在绳架上面		☆ ☆ ☆ ☆
	动作连贯	采用正确动作攀登绳架，上爬或下移的速度较快		☆ ☆ ☆ ☆ ☆

备注：单元具体的活动内容评价见单元流程。

说明：本评价表反映学生学习兴趣、学习习惯和学业成果三个维度的评价内容，观测点可根据实际需求进行增删或调整。评价方法采用学生涂星自评、学生涂星互评、教师涂星评价方式。

★★★★★为5分、★★★★为4分、★★★为3分、★★为2分、★为1分。

（三）案例检核

一年级"攀登与爬越：攀登绳架"单元评价设计属性核检表见表6-4-3。

表6-4-3　一年级"攀登与爬越：攀登绳架"单元评价设计属性核检表

单元名称	攀登与爬越：攀登绳架				
评价目标	■知识与技能　　■过程与方法　　■情感态度与价值观				
评价主体	■自己　　■同伴　　■教师　　■其他				
评价类型	□诊断性评价　　■过程性评价　　■终结性评价				
评价维度	观测点	评价标准	评价方式	评价工具	评价结果
运动认知	■模仿体验 ■观察 ■倾听	■定性性质描述 □定量数据量化	■测验 ■动作展示 ■现场观摩 ■档案袋 □口头评价 ■评价量表 □其他	■等级制量表 □百分制量表 ■课堂观察表	□分值 等级 评语 图示 □其他
健身实践	■表达 ■参与 ■运用 ■展示				
社会适应	合作守则 ■自信 ■安全				

207

第五节　单元资源设计案例解析

一、单元资源设计概述

（一）界定

单元资源是指以达成单元目标为导向，为教学的有效开展所设计、开发与使用的相关资源。单元资源设计要求教师作为教学资源的开发与利用的重要力量，要充分挖掘各种资源的潜力和深层价值，为整个单元的教学过程提供支撑。

（二）功能

单元资源是体育与健康教学的重要组成部分，其丰富性和适切性程度最终决定单元教学目标的实现水平。同时，单元资源的开发和利用对于转变教学方式和改善学习方式具有重要意义。对教师来说，可以开阔教学视野，转变教学观念，更好地激发教师的创造性智慧，让教学"活起来"；对于学生来说，可以改变学生在教学中的地位，使他们从被动的知识技能接受者转变成知识技能的共同构建者，从而激发学生的学练积极性和主动性，为开展自主学习、合作学习和探究学习提供支撑。

（三）分类

体育资源的内容很丰富，有教学内容资源、人力资源、体育器材和场地资源、数字资源、时间资源等，教师要根据体育单元教学目标、学习内容的特点，学生的身心特征、兴趣爱好、个体差异等配置不同的体育资源，筛选、择优使用优质体育资源。

（四）要素

单元资源是以一个单元为核心来进行资源设计的，其要素包括资源功能、资源类型、资源环节设计、资源反思。在进行单元资源设计时，应聚焦单元教学重点，针对单元教学目标，充分考虑各个要素并进行有机整合和整体设计，充分发挥资源的整体效益。

（五）原则

单元资源的设计应围绕单元教学重点，针对学生开展的各种单元活动而展开，所有的单元资源的选择和设计，其目的都是在单元教学目标设计的基础上，解决单元的核心问题。因此，要充分利用现有的显性体育资源，挖掘潜在的隐性体育资源，体现教学性、适切性、互动性和多样性的原则。

1. 教学性原则

在使用各种体育资源时，要把资源和教学内容有机结合，有利于教学目标更好地达成。例如，在数字资源的设计和开发过程中，可能会有众多与本单元学习相关的媒体教学资源，教师在选择资源类型时，应围绕完成单元教学目标和解决单元教学重点进行筛选。例如，学习挺身式跳远的挺身技术动作，就要选择与挺身技术相关的示范性较强的数字资源对学生进行强化刺激，充分体现数字资源的优势和实效。

2. 适切性原则

在设计单元资源时，要从实际出发，因地制宜，创造性地利用现有体育资源，科学地开发和优化体育资源，设计科学恰当的体育资源，如自制教具、创新器材、改造器材等。

将体育资源在课堂教学中进行充分利用，不断地加以调整、改进和完善，同时合理利用生成性体育资源。例如"雷达图"资源，通过Excel制作雷达图，围绕单元教学目标制作出技能表现、合作、参与、遵守规则四个维度的评价，这种评价方法可以供教师自己或其他教师微调后在相关单元教学评价中使用。

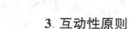
3. 互动性原则

在选择单元资源时，要注重学生的互动性，引发学生的思考。例如，在足球的运球突破教学中，学生利用手机拍摄记录运球突破的过程，利用数字资源通过VUE软件和屏幕镜像，在大屏幕上观看自己或同伴运球突破的动作技术，还可以利用慢放、静止、回放等功能帮助对动作技术进行自评或互评，实现课堂教学及时、有效的互动。

4. 多样性原则

在体育教学中，教师会因教学内容单一而困惑，学生也会因此而感到枯燥、乏味。教师应根据学习内容的特点，学生的身心特征、兴趣爱好、个体差异等选择多种体育资源，并对已有的资源进行梳理盘点，认真分析实现单元教学目标的各项资源的性质和特点，保证开发和利用资源的多样性。例如，栏架既可以用来跨栏，也可以用在障碍跑中，学生可以钻过也可以跳过栏架这一障碍物，发挥体育器材的多种功效。

二、单元资源设计建议

（一）提高资源开发的自主性

相对而言，教师对现有的体育资源使用比较充分，然而对潜在的体育资源开发利用及资源的优化工作，缺乏一定的主观能动性，开发的形式和方法比较单一。例如，在多媒体教学、"一物多用"、自制器材、改造传统场地器材等方面尚缺乏自主创新的意识。体育资源无处不在，然而教师对学校原有资源的依赖性较高，需要教师提高资源开发的自主性，能从大量繁杂的资源中进行筛选、重组、优化和创新。

（二）注重资源设计的合理性

大部分教师对于单元资源的设计缺乏整体思考，对各种资源的功能、作用认识不够全面，直接导致在单元体育教学内容中，本来可被选择运用的资源很多，但往往不容易被合理地择优利用，因此教师要注重资源整体设计的合理性。

（三）增加资源运用的有效性

在日常教学中，由于教师对资源的运用缺少一定的预设或高效的方法，对于围绕教学目标进一步明确资源所运用的教学环节以及要点和意图的意识还需要增强。例如，很多教师认为在教学中运用了多媒体，就是实现了信息技术教学，而不考虑多媒体运用是否得当，是否是教师的讲解、示范所无法替代的方式，因此就难以充分发挥资源运用的有效性。教师要从优化资源的角度进行全面分析，避免出现浪费资源的现象，提高资源运用的有效性。

三、单元资源设计

二年级"投掷：地滚小皮球"单元资源设计

（一）案例背景

"地滚小皮球"是《体育与健身》课程小学二年级的内容，这类投掷教学内容相对比较枯燥，不容易激发学生的练习兴趣。因此，教师要在教学设计上、场地器材资源的设计上有新意，提升学生的学练兴趣和教学效果。

（二）案例过程

1. 教学需求分析

本单元共3个课次，需要解决地滚小皮球时挥臂速度、球出手方向的教学重点，可以利用器材资源的变化来提高学生的学练兴趣。根据教学内容自制教学器材"百变魔术盒"，充分利用"百变魔术盒"的多种功能，有效解决学生的挥臂动作、出手的时机、出手的方向、出手的准度等要点。

2. 改造、开发资源

教师自制教学器材"百变魔术盒"，把"百变魔术盒"设计成一个长方体的箱子，再利用"百变魔术盒"的"多变性"，例如，变轨道、可移动、魔术盒的多个面、魔术盒变坡度、魔术盒组合成斯诺克的台子等不同的功能，充分发挥自制器材的多种功能，不仅提高了学生的学练兴趣，还有效提高了地滚小皮球的教学效率。

3. 使用资源

第一，根据教学内容，教师设计了"百变魔术盒"这一器材。教学中教师让学生通过"百变魔术盒"来学练地滚小皮球的动作，利用"百变魔术盒"可移动的功能，为学生搭建一个练习地滚小皮球的轨道，穿越"百变魔术盒"，让学生对出手方向有一定的概念。

第二，利用"百变魔术盒"的两个面进行掷"响"练习，让学生通过响度来判定快速挥臂的技术，同时利用分贝器的数据，让教师和学生直观地感受到这一"响度"，不断提高快速挥臂技术。

第三，利用"百变魔术盒"的"多面性"，把"百变魔术盒"打开可以变成不同的"坡度"，"坡度"的设置由易到难，学生快速挥臂让小皮球滚过有不同倾斜度的"百变魔术盒"，来不断提高快速挥臂的动作技能。

第四，利用"百变魔术盒"和多媒体设备将投影打在"百变魔术盒"上，帮助学生练习地滚小皮球的出手方向和快速挥臂技术。

第五，利用"百变魔术盒"底面的多功能性来进行综合游戏，将思维活动与身体练习有机结合，提高学生的团队合作意识和学练兴趣。

4. 积累资源

（1）自制器材

教师自制的"百变魔术盒"充分发挥了其多功能性特点，可供其他教师在此教材的教学过程中有效使用。

（2）数字资源

多媒体信息技术的运用，可以被其他教材借鉴。

（三）案例检验

二年级"投掷：地滚小皮球"单元资源设计属性核检表见表6-5-1。

表6-5-1　二年级"投掷：地滚小皮球"单元资源设计属性核检表

单元主题	投掷：地滚小皮球
单元目标	1. 学生能掌握地滚小皮球的动作要领，学会快速挥臂的动作方法，球出手时有一定的方向

单元目标	2. 学生体验地滚小皮球的各项活动，发展肩下滚掷球的能力，增强上肢力量，提高上下肢的协调性 3. 学生积极参与游戏活动，感受投掷项目的乐趣，能与同伴合作交流		
教学需求分析	□演示动作　■创设情境　□激发兴趣　■引领练习　■学习评价 □负荷检测　□拓宽视野　□补充知识　□其他		
现有资源	■运动场馆　■运动器械　□测试工具—现有媒体 □文本资源　□教具　□其他		
改造、开发资源	□加工资源： □教具的改造　　　　　　　□场地资源的重新规划 □器材资源的加二或重组　　□微调或重组的课件 □重组或再加工的微视频　　□网络资源的再加工 □其他 ■开发资源： ■自制器材　　　□制作课件　　　□制作展板 □拍摄视频　　　□直播系统　　　□其他		
使用资源	■时机得当　■环节清晰　■操作简便　■解决问题		
积累资源	资源创新	■好　□一般　□差	
	目标达成	■好　□一般　□差	
	优质资源	"百变魔术盒"、多媒体投影	

第六节　东莞某小学体育与健康单元教学优秀设计案例解析

一、田径基础：田径纵跳+投掷垒球+立定跳远+加速跑单元（模块）教学计划

（水平二，三年级）

学校：樟木头镇中心小学

任课教师：周燕君

田径纵跳+投掷垒球+立定跳远+加速跑单元（模块）教学案例见表6-6-1。

表6-6-1　田径纵跳+投掷垒球+立定跳远+加速跑单元（模块）教学案例

指导思想	"以学生发展为中心"，注重合作学习，重视学生主体地位的教学理念，以"健康第一"的思想为指导，以"动中思、动中健、动中乐"为主题，以学生能力发展为根本。 根据三年级学生的心理和生理特点，教学中创设学生感兴趣的情境教学，以游戏法和比赛法通过多种练习形式和激励手段，激发学生的学习，在玩中学、学中玩。抓住教材本身的德育因素及器材本身的安全因素，有机渗透新课标理念于课堂教学之中。培养学生克服困难、积极进取、挑战自我和团结合作的优良品德
单元学习目标	
运动能力	通过田径各种基础运动动作的练习，增强学生跑跳投的能力，有效提高学生的协调、灵敏、速度、耐力等综合身体素质
健康行为	培养学生积极主动参与体育活动的行为，促进他们在生活中学会合作并享受运动的乐趣，提高学生的自信心，促进学生身心健康成长

体育品德	引导学生在野蛮体魄的同时，文明精神；培养学生团结协作、顽强拼搏的精神；能正确面对胜与负，成功时学会分享，失败时学会共勉		
课的内容和方法			
一般体能	趣味跑+热身操		
单元	课次	技战术（比赛）+专项体能	教学方法
基础单元	1	跑的专门性练习：摆臂+小步跑+高抬腿+后蹬跑+交叉步	情境教学法、讲解示范分组练习、展示
	2	直腿纵跳+屈膝纵跳	情境教学法、讲解示范分组练习、展示
	3	原地投掷垒球+短距离快速跑	情境教学法、讲解示范分组练习、展示
	4	助跑投掷垒球+立卧撑	复习法、讲解示范、分组练习、比赛法
	5	垒球投远挑战赛	复习法、纠错法、分组练习、比赛法
	6	纵跳+连续双脚跳	复习法、讲解示范、分组练习、比赛法
	7	立定跳远+单双脚交替跳	情境教学法、讲解示范分组练习、展示
	8	立定跳远挑战赛	复习法、纠错法、分组练习、比赛法
	9	跑的专门性练习+站立式起跑	情境教学法、讲解示范分组练习、展示
	10	各种姿势起跑+加速跑	情境教学法、讲解示范分组练习、展示
	11	障碍跑	情境导入法、小组合作法、变换练习法、竞赛法
	12	加速跑+冲刺跑	复习法、纠错法、分组练习、比赛法
比赛单元	13	50米挑战赛	分组练习、比赛法
	14	50米障碍赛接力跑	复习法、情境导入法、分组练习、比赛法

二、田径基础：田径纵跳+投掷垒球+立定跳远+加速跑单元（模块）教学设计

（水平二，三年级）

单元（模块）第11课时障碍跑教学设计见表6-6-2。

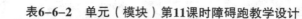

表6-6-2　单元（模块）第11课时障碍跑教学设计

设计思路	障碍跑是一项技术简单、实用性强并具有实用价值的综合技能运动，在一定距离内自然快跑，途中用合理的跨、钻、绕等方法越过障碍，以提高和综合运用体育与健康课所学过的有关运动技术的能力，改善动作的协调性，提高身体素质和基本活动能力 通过"智勇探险家寻宝记"情境教学为引导，结合生动的音乐节奏，让学生在模仿、体验、竞赛中充分练习。通过两人结伴和组建团队形式充分发挥自主创新、团结合作能力。一方面，在练习中倡导师生互动，充分调动学生的积极性，指导与纠正动作掌握，从而有效发展学生的协调、灵敏等身体素质并体验比赛的乐趣；另一方面，在比赛中培养学生遵守规则、公平竞争的良好品质，培养团结协作的精神，促进学生身心全面发展
学情分析	本节课是水平二，三年级的学生，这一年龄段的学生具有较强的表现欲，他们的团队意识比较浓厚，也有一定的互助合作的观念，课中创设情境"智勇探险家寻宝记"，这样一个主题的创设较好地将学生的兴趣和激情融合在一起，充分利用学校的场地器材来设计课的内容。通过障碍跑的练习，训练学生身体的灵活性和协调性，让学生在活动中尽量自由地发挥，充分地展示自我和团队合作意识
教材分析	障碍跑是一项在跑中以不同的方式通过不同的障碍物的自然快跑运动，途中一般要用绕、跨、跳、钻等方法通过障碍物，是一项具有一定难度和实用较强的综合性运动。能有效地激发学生的运动兴趣，发展学生的速度、力量、耐力、灵敏、柔韧和协调等身体素质，能克服学生心理障碍，提高学生适应环境和野外生存的能力，培养学生克服困难和顽强进取精神
教学流程	课堂教学常规—"智勇探险家寻宝记"趣味热身操—专项练习—自主练习—探究合作性练习—"英勇闯关"游戏—放松操—小结—布置课外作业 运动能力（体能素质+实战应用） 第一环节"探"：学生探险路程中模仿掌握绕、跨、钻技术动作，老师纠正、指导。 第二环节"练"：学生通过自主与互助训练，学会跨越不同障碍物。 第三环节"赛"：团队游戏——提高协调性、灵敏性，增强运动能力
场地器材布置	场地：篮球场2块。 器材：跨栏架10个、垫子5张、音箱1个
安全防范措施	1.课前强调安全注意事项，安排教学见习生。 2.出队、回班过程中提醒不要前后推搡、打闹插队等。 3.模仿练习中强调在自己位置进行，保持队形。 4.竞赛过程中注意场地路线走位，避免碰撞

三、田径基础：田径纵跳+投掷垒球+立定跳远+加速跑单元（模块）教学计划

（水平二，三年级）

学校：樟木头镇中心小学

任课教师：周燕君

第11课时障碍跑教学计划见表6-6-3。

表6-6-3　第11课时障碍跑教学计划

班级	三（3）班	学生人数	42（男：20人，女：22人）			
教学内容	障碍跑					
重点	采用合理的姿势，安全、快速通过		难点	合理控制身体重心		
学习目标	1. 运动参与：知道障碍跑的意义和通过简单障碍物的方法，了解所做简单钻、跳、绕、爬等动作的术语，明白安全运动的重要性，具有主动参与练习的态度，乐于按游戏的规则进行比赛。 2. 运动技能：做出钻、跳、绕、爬等为主的简单障碍跑方法，跑中始终保持身体的平衡，体验过障碍成功时带来的快乐，发展速度、灵敏、协调等身体素质和增强过障碍的基本活动能力。 3. 身体健康：体验过障碍成功带来的快乐，发展速度、灵敏、协调等身体素质。 4. 社会适应：在富有个性的、集体智慧的活动中敢于发表自己的看法与自我表现，具有热爱大自然的意识、创造的能力及勇敢顽强、不怕冒险、相互协作的精神					
课的部分	教学内容	步骤与方法	组织与要求		时间	次数
开始	课堂常规 1. 集合整队。 2. 队列队形。 3. 师生问好。 4. 宣布课的内容与安全任务。 5. 安排见习生	1. 听取体委汇报。 2. 师生问好。 3. 队列队形整队。 4. 情境导入，宣布课的内容与要求。 5. 提醒安全问题	1. 教师宣讲纪律要求与课程注意事项。 2. 学生呈四路纵队集合队形。 3. 队列队形图		3分钟	1

续 表

课的部分	教学内容	步骤与方法	组织与要求	时间	次数
准备	"探险路线" 1. 进行自主热身操。 2. 通过探险路线初步掌握跳、钻、绕、爬的技术动作	1. 教师讲解自主热身操的动作要求。 2. 教师组织与带领学生开启"探险路线"。 3. 教师带领学生练习自主热身操,活动各个关节,充分热身。 4.教师引导学生在音乐的伴奏下,进行专项练习:弓箭步、蹬跨、后踢腿动作。 强调动作协调连贯性	队列队形图 要求:快、静、齐,精神饱满	7分钟	1
基本	1. 学:绕、跳、钻、爬技术动作	1. 讲解与示范技术动作。 2. 教师巡回指导、纠错。 3. 提高学生练习密度。 4. 通过自主练习、探究性合作练习、小组创新、团结合作练习有效提高技术动作的掌握。 5. 教师讲解游戏规则,组织进行比赛,巩固课堂	结合跑步摆臂动作,在保证安全下进行绕、跳、钻、爬技术动作练习。	3分钟	1
	2. 练:复习与巩固跑步摆臂动作;练习蹬跨、高抬腿、侧身绕、钻技术动作		1. 自主练习。 2. "兵分两路"进行巩固提升练习。 3. 八人一组进行分组探究合作性练习。 "兵分两路"队形:	12分钟	1
	3. 赛:游戏——"英勇闯关"。 (1)讲解游戏规则。 (2)进行"英勇闯关"游戏。 (3)有效运用跳、爬、钻、绕技术动作发展奔跑的能力,提高灵敏、反应、协调性			10分钟	1

续　表

课的部分	教学内容	步骤与方法	组织与要求	时间	次数
基本			八人一组练习队形： ●●●●●●●● ●●●●●●●● ●●●●●●●● ●●●●●●●● ★ ↓　↓		
结束	整理放松 准备下课	《感恩的心》放松操（拉伸放松）集合队伍、点评互评	1. 快、静、齐集合整队。 2. 充分放松，调整心率。 3. 快静齐四路纵队回班	5分钟	1
作业	高抬腿2组，50个/组；波比跳2组，15个/组；1分钟仰卧起坐，2组				
场地器材	场地：篮球场2块 器材：跨栏架10副、垫子5张、音箱1个				
预计运动负荷	运动密度　70%~80% 练习密度　65%~70% 平均心率　135~140次/分	预计心率曲线图 竖：脉搏 横：时间	210 190 170 150 130 110 90 70 50 0 5 10 15 20 25 30 35 40 45		
课后小结					

四、足球运球单元（模块化）第1课时脚背正面运球教学计划

（水平二，四年级）

学校：东莞市东城虎英小学

任课教师：郑俊强

足球运球单元（模块化）第1课时脚背正面运球教学计划见表6-6-4。

表6-6-4　足球运球单元（模块化）第1课时脚背正面运球教学计划

班级	四（1）班	学生人数		48人（男：30人，女：18人）		
学习目标	1. 运动能力：学习脚背正面运球的动作技术。 2. 健康行为：发展学生下肢力量，提升学生体能素质。 3. 体育品德：培养学生相互协助，团结合作精神。 4. 思维能力：引导学生把学到的技术运用到比赛当中，做到学以致用					
教学内容	技（战）术能力：掌握脚背运球技术，提升控球能力。 体能素质：加强往返跑能力，增强体能素质					
重点	提脚跟，立脚背		难点	动作协调，触球准确、用力适宜		
课的部分	教学内容	步骤与方法		组织与要求	时间	次数
开始	1. 宣布学习内容，激发学习兴趣。 2. 讲解运球动作要领，并做示范	1. 宣布课堂常规与任务，安排见习生。 2. 对脚背正面运球做讲解示范		上课队形。 要求：做好课前准备，准备上课	2分钟	1
准备	1. 自由运球：学生自由发挥，渗透练习拉、推、拨、踩以及身体各部位的触球。 2. 专项体能练习	1. 示范动作、讲解动作要领；观察、巡视，语言提示与引导，适时点评与激励；先让学生自由运球，然后小结，引出本课内容。 2. 各种步法练习		1. 组织：散点要求 （1）重心及时跟上。 （2）避免撞到别人。 2. 步法正确，身体协调	5分钟	左右脚各30次
基本	分组练习	1. 分成四个小组，每组12个人，每两个小组成一个大组，两个大组相对站立，两个小组面向同一方向，触球12次到达10米距离并将球踩定给对面小组的人，然后折返跑回原位等待对方运球过来。设置组长，针对指导，巡视检查。 2. 调整距离，调整触球次数到达15米距离并将球踩定给对面小组的人，然后折返跑回原位等待对方运球过来，设置组长，针对指导，巡视检查		组织：分成两个大组，每个大组由两个小组组成，每小组12个人，两个大组相对站立，两个小组面向同一方向，设置小组长，注意观察，引导学生各自分层。 要求：数次数和注意规范动作	5分钟	

课的部分	教学内容	步骤与方法	组织与要求	时间	次数
基本	分层练习：控、运球接力	1. 仔细观察，分层练习，教师引导，学生探究。 基础组1组：2个小组，保持原来触球6次往返运球练习。 基础组2组：分成4个小组，每两组相对迎面运球踩定后，折返跑回自己队伍后面。 提高组：分4个小组，以中间标志碟为目标，运球到标志碟处变向运球，将球运到目的地后踩定，并折返跑回原位。 2. 练习一段时间后，基础组两个小组相互转换练习内容。 3. 基础组动作较好的学生与提高组转换练习内容。 4. 方法：分成8组，每组5个人成横队站立，从大本营侧面做控球练习，绕完5个标志碟后运球出发到对面，大本营后快速运球到本方大本营。每个小组的第二个队员在对方队员开始返回大本营时出发，其他小组成员在练习控球时可以学习在场上运球的队员，最后看哪一组在单位时间内通过的人数最多	1. 练习过程中，注意观察，分层练习，区别掌握动作快与慢。 基础1组：提脚跟，立脚背，注意掌握节奏。 基础2组：运球过程中注意抬头观察，躲避迎面而来的同学。 提高组：要求抬头观察，变向、启动要迅速，身体重心要跟上。 2. 转换练习内容时提高组不动。 3. 转换时另外一个小组继续练习。 4. 组织：比一比，看一看，分成8个小组，规定时间内看哪一组返回大本营的人数最多。 要求：奔跑速度快，运球速度快，拨球后重心及时跟上，球不能离开脚超过0.5米	15分钟	

课的部分	教学内容	步骤与方法	组织与要求	时间	次数
放松	1. 放松操。 2. 相互评价。 3. 师生再见。 4. 回收器材	1. 教师带领学生做放松运动。 2. 组织学生进行相互评价。 3. 教师小结本课。 4. 师生再见，回收器材	组织四列横队 （体操队形）	8分钟	1
作业	—				
场地器材	足球48个、标志碟若干个、足球场一块、音响一套				

预计运动负荷	运动密度	80%	预计心率曲线图 竖：脉搏 横：时间	
	练习密度	70%		
	平均心率	130次/分		
测量运动负荷	运动密度	%		
	练习密度	%		
	平均心率			

心率曲线图纵轴：210 190 170 150 130 110 90 70 50　横轴：0 5 10 15 20 25 30 35 40 45

课后小结	本课是一节技术教学课，运用多种教学方法进行教学，充分激发学生学习兴趣和热情，使学生达到"学会、运动、快乐"三方面的要求。本课的脚背运球躲闪的设计成为一大亮点，在拓展本课技术的同时，不仅能活跃课堂氛围，还能巩固学生所学技术，以运动技术与体能相长为教学主张，本次课使学生体能发展和技术练习相结合，达到了预期教学目标
指导教师点评	

五、足球运球单元（模块化）教学计划

（水平三，五年级）

学校：东莞市东城虎英小学

任课教师：郑俊强

足球运球单元（模块化）教学计划见表6-6-5。

表6-6-5 足球运球单元（模块化）教学计划

指导思想	以《义务教育体育与健康课程标准（2022年版）》为理论依据，以"以人为本、健康第一"为指导思想，根据小学水平三学生的身心特点，选择适当的教学方法和手段进行教学。通过"验、研、学"教学主线，以运动技术与体能相长为教学主张，提高学生的运球技术，通过游戏帮助学生建立团结、合作、互助的良好人际关系，使学生在练习中体验成功的快乐
单元学习目标	
运动能力	1. 掌握脚各个部位运球方法和要领。 2. 加强学生控球能力
健康行为	1. 发展学生下肢力量。 2. 增强学生体能
体育品德	1. 培养学生吃苦耐劳精神。 2. 提高学生团结协作能力

课次	运动能力发展目标	教学内容
1	掌握脚内侧运球技术动作	脚内侧运球
2	提升脚内侧运球技术	脚内侧运球
3	掌握脚背正面运球技术动作	脚背正面运球
4	提升脚背正面运球技术	脚背正面运球
5	掌握脚内侧传接球技术动作	脚内侧传接球
6	提升脚内侧传接球技术	脚内侧传接球
7	掌握脚内侧变向运球技术动作	脚内侧变向运球
8	提升脚内侧变向运球技术	脚内侧变向运球
9	掌握运球射门技术动作	运球射门
10	提升运球射门技术	运球射门
11	掌握接脚内侧传接球技术组合	接脚内侧传球射门
12	提升接脚内侧传接球技术组合	接脚内侧传球射门

六、东莞市义务教育体育与健康课程教学课时计划

（水平三，五年级）

单元（模块化）第1课时教学设计见表6-6-6。

表6-6-6　单元（模块化）第1课时教学设计

设计思路	以"体能素质与运动技术相长"的教学主张指导本课的设计，基于学生足球项目的前置运动能力结合教学内容，依据体育教学规律和运动科学原理，关注学生个体差异，规划设计以运动能力发展为载体的教学实施
学情分析	这个阶段的学生活泼好动，模仿力强，求知欲也很强，但对于足球项目缺少一定的了解和基础，在学习过程中容易动作变形，而且自信心不够。通过上两次课的学习学生的这些问题已经有所改进，学生学习参与度非常高，因此主要采用直观分层教学法及激励评价法等引导、鼓励学生，使学生产生克服困难的意志品质与自信心。本班有4位学生体质较弱，学习此技术有一定的难度，还应多关注个体差异
教材分析	脚背正面运球是小学体育教材中一项重要的足球教学内容，主要发展学生的控球能力，下肢力量和速度、灵敏、协调等身体素质。其技术动作可分为抬腿屈膝踵提起，脚尖朝下推拨球，重点是提脚跟，立脚背。在教学中，按照循序渐进的教学原则，由易到难，逐渐掌握技术重点，纠正易犯错误，从而突破难点。 重点：提脚跟，立脚背。 难点：动作协调，触球准确、用力适宜
教学流程	课堂常规—自由体验运球—引出脚背正面运球并讲解示范—分四个小组进行练习—分层次练习—展示—放松操—互评小结—师生再见 运动能力发展的教学实施 第一环节：体验脚的各个部位的触碰球，要求注意观察，不碰撞，控制住球。 第二环节：学习脚背正面运球，提醒学生抬腿屈膝踵提起，脚尖朝下推拨球，重点是提脚跟，立脚背，身体协调，用力适宜。 第三环节：分组练习，技术与体能相长。 第四环节：分层练习，设置不同难度练习脚背正面运球，关注个体差异。 第五环节：放松小结
场地器材	足球49个、标志碟48个、足球场一块、音响一套
安全防范措施	基于教材本身、场地器材和学生的基本情况，本课的安全隐患主要体现在以下两个方面： 一是固态的安全隐患，在课前应做好排查并设置警示标志。 二是在教学过程中出现的动态安全隐患。①运球过程中会有碰撞情况，教师上课前要求学生控制速度，注意观察，避免碰撞；②运球过程中有学生踩球摔跤，要教会学生正确的保护方法，如前滚翻和侧滚翻的练习；③器材出现位移，要及时复位；④学生练习时，个人能力与选择的场地不对应，教师应及时提醒学生调整；⑤及时把控学生完成动作时出现的情绪变化

参考文献

［1］尚力沛，俞鹏飞，王厚雷，等.论体育与健康课程中的跨学科学习［J］.
上海体育学院学报，2022，46（11）：9-18.

［2］张树辉，周华珍，李晓雯.体育锻炼和休闲活动对青少年心理健康的影响
［J］.北京教育（高教），2022（11）：49-52.

［3］乔石磊，周珂.情境·规则·工具——体育与健康课程核心素养在教学中
的实现框架［J］.体育教学，2022，42（10）：37-39.

［4］陶小娟，汪晓赟，GOODWAYJD，等.3～6岁儿童早期运动游戏干预课程
设计研究——基于SKIP的研究证据［J］.北京体育大学学报，2021，44
（2）：90-104.

［5］刘永泉.体育教学中如何实施健康教育［J］.文理导航（中旬），2022
（11）：70-72.

［6］朱海钰.如何在小学体育与健康课堂教学中渗透核心素养［J］.求知导
刊，2022（27）：113-115.

［7］夏晨铭.小学体育提升伍质健康的教学策略探究［J］.考试周刊，2022
（38）：22-25.

［8］王瑞.体育与健康教学提高学生主动锻炼意识的创新途径［J］.天津教
育，2022（27）：13-15.

［9］李文江.构建学习目标伍系落实体育与健康课程核心素养［J］.体育教
学，2022，42（9）：35-37.

［10］黄海滨.新时代"体育与健康"课程的改革创新与探索［J］.教育教学论坛，2022（37）：33-36.

［11］王斐，刘耕野.多媒体技术在小学体育与健康教学中的应用探究［J］.中国多媒体与网络教学学报（下旬刊），2022（8）：117-120.

［12］张开华.中小学体育教学中应注重学生健康素养的培养［J］.天津教育，2022（24）：7-9.

［13］吕广冶.小学体育与健康课高效准备活动教学设计与实证研究［D］.太原：山西大学，2022.

［14］潘岳.SHARP理念下体育教学设计对小学生体质健康提升效果研究［D］.阜阳：阜阳师范大学，2022.

［15］侯照新，杨帆.体育与健康学科核心素养对小学体育教学的启示［J］.青少年体育，2021（5）：75-76，130.

［16］魏从林.对体育与健康室内知识课的思考［J］.中国学校体育，2021，40（1）：33-34.

［17］侯立伟.新课改背景下小学体育与健康教学设计研究［J］.考试周刊，2020（92）：105-106.

［18］吴爱军，刘成兵.健康行为视角下体育实践课教学设计与实施［J］.体育教学，2020，40（6）：24-26.

［19］刘红.新课改背景下小学体育与健康教学设计研究——评《小学体育与健康教学设计》［J］.新闻爱好者，2020（5）：3-4.

［20］李婷.体育与健康课程"导学案"的教学设计与应用研究［J］.才智，2020（11）：2.

［21］赵百东.教学设计是落实学科核心素养的基础［J］.中国学校体育，2019（12）：49-51.

［22］寇彦茹.提升教学设计能力促进学生健康发展——体育教师教学设计能力提升策略［J］.高考，2019（33）：176.

［23］陈永刚.基于提升学生体质健康水平的小学体育教学内容优化设计［J］.

体育风尚, 2019（9）：154.

［24］侯国民, 莫永华. 基于体育与健康学科核心素养的教学设计［J］. 中国学校体育, 2019（9）：23-25.

［25］姜玉华. 基于体育与健康学科核心素养的体育课堂教学设计思考［J］. 中国学校体育, 2019（9）：28-30.

［26］孙超.“新课标”背景下的“三点共生”体育教学思考［J］. 新课程（下）, 2019（8）：149.

［27］殷光波. 体育健康知识教学的微课设计研究［J］. 当代体育科技, 2019, 9（7）：158-160, 163.

［28］熊怡妮. 基于提升学生体质健康水平的小学体育教学内容优化设计［J］. 当代体育科技, 2013, 8（33）：128-129, 131.

［29］潘绍伟. 如何使体育与健康学科核心素养真正落地［J］. 中国学校体育, 2018（10）：2-3.

［30］吴冬杰. 优化体育教学设计, 提升学生体育核心素养［J］. 教育艺术, 2018（8）：76-77.

［31］朱煦. 基于标准的体育教学设计［J］. 体育教学, 2018, 38（8）：22-23.

［32］仇兆春. 试谈小学体育与健康教学中体验式情境的设计［J］. 新课程导学, 2018（21）：30.

［33］潘绍伟. 体育与健康学科核心素养视野中的教学设计与实施［J］. 体育教学, 2018, 38（4）：8-11.

［34］方成. 基于体育与健康学习目标的评价设计研究［J］. 运动, 2017（20）：100-101.

［35］樊江波, 樊新哲. 体育与健康课程运动技能教学设计基础概念分析［J］. 体育教学, 2016, 36（6）：44-46.

［36］李春雷. 我国体能训练反思与奥运会备战展望［J］. 体育学研究, 2019（4）：60-69.

［37］钟世亮. 如何引导家长做好家庭体育教育？［J］. 家庭生活指南, 2021,

37（6）：27-28.

［38］董翠香，吕慧敏.中国健康体育课程模式关键要点确立的理论基础和实践依据［J］.体育科举，2020，40（6）：24-31.

［39］袁顶国，朱德全.论主题式教学设计的内涵、外延与特征［J］.课程·教材·教法，2006（12）：19-23.

［40］李聚虎.论学校、社区、家庭三位一体式体育教学［J］.科普童话，2018（35）：59.

［41］季浏.中国健康体育课程模式的思考与构建［J］.北京体育大学学报，2015，38（9）：72-80.

［42］任友群.建构主义学习理论的哲学社会学源流［J］.全球教育展望，2002，31（11）：15-19.

［43］张振华，吴跃.体育有效教学五种练习设计与方法［J］.武汉体育学院学报，2014，48（12）：84-87.

［44］杜更.儿童基本动作技能教学实践与评测指南［M］.北京：北京理工大学出版社，2020.

［45］董翠香，田来，杨清风.核心素养导向下的体育与健康教学设计［M］.上海：上海教育出版社，2020.

［46］周登嵩.学校体育学［M］.北京：人民体育出版社，2004.

［47］李卫东，汪晓赞，WARD P，等.体育课程教学模式［M］.北京：高等教育出版社，2018.

［48］杜殿坤.原苏联教学论流派研究［M］.西安：陕西人民教育出版社，1993.

［49］毛振明.中小学体育与健康有效教学模式［M］.北京：北京师范大学出版社，2014.

［50］苏霍姆林斯基.把整个心灵献给孩子［M］.唐其慈，毕淑芝，赵玮，译.天津：天津人民出版社，1981.

［51］钟启泉，汪霞，王文静.课程与教学论［M］.上海：华东师范大学出版社，2008.

结 束 语

新课改背景下的体育与健康的教学设计将会是一种全新的教学理念，这种教学理念，既能够传承传统教学设计的目的与教学理念，又能够在传统的基础上进行改进，以兴趣为主导深入整改小学体育与健康的教学设计，让学生的身体素质从小学阶段就可以得到良好的改善与提升。

体育与健康教学设计策略如下：

一、健康第一，树立终身体育意识

在小学体育与健康的课程标准中有一种重要理念，需要教师在开展教学活动的过程中给予高度关注，即"健康第一"的理念。基于此，小学教师在课堂教学的过程中，应该弱化竞技性过强的教学内容，选择重点动作进行讲解和演练即可。小学阶段的体育教学并非只是为了提高学生的各项体育技能，教师的重点工作是使学生能够对运动项目感兴趣、愿意积极参与到运动中，进而帮助学生培养健康的锻炼习惯。

二、创新教学互动，锻炼学生身体综合素质

新课改要求教师要关注学生在课堂教学中的主体地位，教学思路和课堂模式都要围绕学生展开，帮助学生树立正确的体育思维，全面有效地提升学生的综合素质。传统的教学中，教师的讲解形式都是按照既定的教案讲解体育知识，然后带领学生进行相应训练，基本上半节课就可以完成教学任务，但是以

这样的方式进行的教学太过直接，并没有激发学生的身体机能，不利于学生身体素质的改善。在新课标的背景下，教师的教学方式要灵活，教学理念要创新，既要让学生体会到体育锻炼的趣味性，又要有助于提升学生的身体机能。

三、巧妙利用体育器材，丰富学生体育活动

科学选取合适的体育器材进行辅助教学能够使体育器材起到很好的教学作用，不仅仅可以帮助学生更加高效地接触各种体育运动，还能够激发学生对于体育教学的学习积极性。与此同时，伴随着教育工作者对于体育工作重视程度的不断加强，体育器材以越来越多的种类走进人们的视野，从而为体育课堂呈现形式多样性提供了前提条件。在这种背景下，教师应该对于体育器材的研究使用加强认识，并且紧跟时代发展积极创新出更多符合教学需求的体育器材，从而为体育课程的质量提升奠定现实基础。

四、组织丰富多彩的体育活动

除了体育课堂上加强对学生的身体锻炼之外，学校还可在课外多组织开展一些运动活动和锻炼项目，通过丰富多样的活动安排来吸引学生参与其中，从而实现增强学生体质的目的。活动的安排要遵循"健康"这一主旨，让学生以愉悦的心情参与其中，既感受到快乐，又实现锻炼身体的效果。比如开展"趣味运动会"，让学生积极参与，对表现好的学生给予奖励，最终实现促进学生健康成长的教学目标。